G

BIBLIOTHÈQUE
PORTATIVE
DES VOYAGES.
TOME III.

CONDITIONS DE LA SOUSCRIPTION.

L'ouvrage sera publié en 12 *livraisons*, qui seront mises en vente de mois en mois, à dater du 15 *Mai*; chaque livraison sera composée de 4 volumes; la dernière seule en aura 5, et sera néanmoins du même prix que les précédentes.

Le prix de chaque livraison, pour les personnes qui souscriront avant le 1er *Juillet prochain*, est fixé, sur papier fin, à . . 5 fr.

Papier d'Angoulême, Nom-de-Jésus. 8

Papier vélin satiné, fig. avant la lettre. 10

Papier vélin satiné, Nom-de-Jésus, figures avant la lettre 15

Passé le 1er Juillet, le prix pour les non-souscripteurs, sera, en papier fin. 6

Papier d'Angoulême, Nom-de-Jésus. 10

Papier vélin satiné 12

Papier vélin satiné, Nom-de-Jésus. 20

Il faut ajouter 1 fr. 50 c. au prix de chaque livraison pour recevoir l'ouvrage franc de port par la poste.

ON NE PAYE RIEN D'AVANCE.

DE L'IMPRIMERIE DE G. MUNIER.—AN VII.

BIBLIOTHÈQUE
PORTATIVE
DES VOYAGES,

TRADUITE DE L'ANGLAIS

Par MM. HENRY *et* BRETON,

TOME III.

~~~~~~~

VOYAGE DE BRUCE.

TOME III.

PARIS,

Chez Mme Ve LEPETIT, libraire, rue
Pavée-Saint-André-des-Arcs, n.° 2.

1817.

VOYAGE
AUX SOURCES DU NIL.

LIVRE QUATRIÈME.

ANNALES D'ABYSSINIE.

Continuation de ces Annales, depuis la mort de Socinios, jusqu'à l'arrivée de M. Bruce en Abyssinie.

FACILIDAS, ou SULTAN SEGUED.

De 1632 à 1665.

Dès que le prince Facilidas eut achevé de rendre les derniers devoirs à son père, il s'occupa sans relâche à calmer les troubles que la différence de religion excitoit depuis si long-temps dans le royaume. En conséquence, il enjoignit au patriarche et aux prêtres de la communion romaine de se retirer à Fremona, et d'y attendre ses ordres ultérieurs. Il les bannit ensuite.

Un des frères de Socinios, Séla Christos, avoit quitté la communion grecque. Facilidas le fit venir et lui offrit de lui rendre ses emplois, à condition qu'il retourneroit à cette communion. Séla Christos ayant refusé, fut envoyé en exil : mais peu de temps après, le roi apprit que ce prince entretenoit encore une correspondance avec les jésuites, et qu'il avoit résolu d'accord avec eux, de faire venir des troupes portugaises. Le monarque indigné, envoya ordre de donner la mort à son oncle, qu'on pendit aussitôt à un cèdre.

Après avoir, dans la cinquième année de son règne, remporté plusieurs victoires sur ses voisins, Facilidas passa l'hiver dans le pays des Gafats. L'année suivante tout le royaume se ressentit de la fureur des habitans du Lasta, qui, désolés de plusieurs défaites qu'ils avoient essuyées, se déterminèrent à tenter encore le hasard des combats.

Facilidas, fier de la réputation qu'il avoit acquise dans les montagnes de ce pays, lorsqu'il combattoit sous son père Socinios, s'avança le 3 mars 1638, pour présenter la bataille aux rebelles. Ceux-ci, devenus sages à leurs dépens, ne voulurent point se hasarder dans la plaine; et se retirant dans leurs postes escarpés, ils s'y fortifièrent si bien que, sans courir le moindre risque, ils empêchèrent que l'armée du roi ne pût recevoir des provisions.

Le froid devint alors excessif; et presque toute l'armée de Facilidas périt tant par la famine que par la rigueur de la saison. Un grand froid est très-extraordinaire dans cette latitude. Le Lasta est à peine à douze degrés de la ligne. On étoit à l'équinoxe de mars, au moment où le froid se fit si rigoureusement sentir. Le soleil alors ne passoit qu'à douze degrés du zénith, et il paroissoit douze heures de suite. Cependant une armée, non d'étrangers, mais d'indigènes, meurt de froid, quand il ne s'en faut que de douze degrés que le soleil ne darde verticalement ses rayons. « Cet événement prouve ce que j'ai souvent remarqué, » dit M. Bruce, « c'est qu'on ne doit point « juger, par les degrés de chaleur, « marqués dans le thermomètre, « de l'effet que le chaud, ou le « froid, peut avoir sur le corps hu- « main. »

Vers la fin d'octobre 1664, Facilidas fut attaqué d'une maladie que lui-même, dès le commencement, jugea mortelle. Il fit soudain venir Hannès, son fils aîné, qu'il avoit toujours tenu près de lui, et qui étoit déja en âge de gouverner. Il lui recommanda le bonheur de ses peuples et la religion grecque. Ce prince mourut le 30 septembre 1665, avec beaucoup de courage et et de tranquillité.

Facilidas avoit les plus heureuses qualités ; et il étoit exempt de défauts que les circonstances eussent peut-être fait excuser en lui. Calme et naturellement doux, il sut toujours se maîtriser. Se trouvant placé entre son père et la nation, cette position difficile lui fit contracter une habitude de discrétion, qui lui devint très-utile. Il fut, en outre, un des plus braves guerriers.

A tant de grandes qualités, on doit encore ajouter que Facilidas sut toujours conduire habilement ses armées, et qu'en cela, il égala, au moins, Socinios son père, reconnu pour l'un des meilleurs généraux de son temps. Terrible et impétueux dans une bataille, il n'aimoit point à ensanglanter sa victoire. Quoiqu'opposé à la religion catholique, il se montra assez attaché à ce qu'il devoit à son père, pour vivre avec le patriarche et les autres jésuites, de manière que ceux-ci avouèrent eux-mêmes depuis, que sa conduite n'auroit jamais pu les porter à croire qu'il fût leur ennemi. Les volontés de son père étoient à tel point sacrées pour lui, qu'on le vit combattre en faveur du catholicisme, contre ses amis, contre sa propre inclination, tant étoit grand son respect pour les ordres de son souverain. Si Séla Christos et plusieurs jésuites reçurent la mort, ce ne fut qu'après avoir été pardonnés à diverses reprises, et que, persistant dans leur rebellion, conspirant contre le gouvernement, contre la vie même du roi, ils le forcèrent à les punir comme des traîtres.

HANNÈS I er, ou ŒLAFE SEGUED.

De 1665 à 1680.

Ce prince reçut l'empire dans un état de paix, et il eut la sagesse de l'y maintenir. Cependant, il ne haïssoit point la guerre : mais excepté deux campagnes qu'il entreprit contre les habitans du Lasta, et une contre les Shangallas, campagnes qui ne furent que de très-peu de conséquence, il n'y eut point de
son

son temps d'expéditions militaires; et les rebelles, les concurrens au trône, si communs sous les règnes précédens, ne troublèrent point le sien.

Hannès étoit d'un caractère naturellement porté à la bigoterie. Dès le commencement de son règne, il défendit à ses sujets mahométans de manger d'autre viande que celle d'animaux tués par les chrétiens. Ayant fait rassembler en tas, tous les livres catholiques que les jésuites avoient traduits en langue éthiopienne, il les fit brûler. L'église étoit un objet de ses soins; et il paroît que les matières de religion employèrent presque tous ses momens.

Ce prince mourut le 19 juin 1680,

après avoir occupé le trône pendant quinze ans. A juger de lui par la briéveté des annales de son règne, il semble n'avoir été qu'un roi foible; mais, peut-être, si les circonstances dans lesquelles il s'est trouvé, nous étoient mieux connues, pourrions-nous le placer au rang des rois sages.

YASOUS Ier.

De 1680 à 1704.

Yasous monta sur le trône à la satisfaction de tout l'empire. Il s'étoit dérobé deux fois du palais de Gondar; et ces évasions furent attribuées à l'impatience qu'il avoit de régner. Peut-être étoient-elles l'effet d'un caractère noble et généreux, qui

ne pouvoit s'accorder avec le caractère dévot, avare et soupçonneux
de Hannès. Yasous, il est vrai,
fuyoit son père et son souverain;
mais il ne tenta jamais de former
un parti contre lui, ni de lui ravir
l'affection du peuple et de l'armée.
Ce qui pressoit encore ce prince de
ne pas se tenir trop près du roi,
c'est qu'il existoit quelque différence
entre leurs opinions religieuses. Yasous avoit une grande prédilection
pour les moines de Debra Libanos,
c'est-à-dire, ceux de la haute église, et
son père avoit fait tous ses efforts
pour lui inspirer des sentimens contraires, et le disposer en faveur des
moines de l'Abba Eustathius.

C'est donc à cette façon de penser
si dissemblable, tant pour ce qui

concernoit la religion que pour les choses ordinaires, qu'il faut attribuer la répugnance qu'avoit Yasous, pour la société de son père. La première démarche qu'il fit, en arrivant au trône, acheva de confirmer cette idée : il changea totalement le gouvernement qu'il trouva établi dans l'église.

Après avoir arrangé les affaires spirituelles, Yasous s'occupa des affaires temporelles. Il éleva Anastasius à la place de Ras, ou de lieutenant général du royaume, et il lui laissa le gouvernement dont il étoit déja pourvu. Anastasius étoit avancé en âge, mais rempli de capacité, mais d'une vertu éprouvée, et l'idole de tous ses voisins, qui ne se conduisoient que par ses conseils.

Le roi fit alors un voyage fort extraordinaire, et tel que l'Abyssinie n'en avoit jamais vu entreprendre de semblable. Suivi de la plus grande partie de la noblesse, il se rendit au pied de la montagne de Wechné, et donna ordre qu'on lui amenât tous les princes de la race de Salomon, exilés sur cette montagne.

Pendant le dernier règne, ces princes malheureux avoient été totalement oubliés. Hannès ayant des enfans en âge de gouverner, il n'y avoit point eu lieu de craindre qu'aucun prétendant à la couronne ne s'échappât de la montagne pour faire une révolution. Mais le triste abandon dans lequel languissoient les princes de la famille royale, sembloit ce qu'ils avoient de mieux à desirer : car il étoit toujours dangereux pour eux d'être trop connus, soit en bien, soit en mal. Le supplice suivoit de près l'attention que pouvoit exciter un de ces infortunés. Les messages, les informations, les visites de la part du roi, n'étoient, pour celui à qui on les adressoit, que les avant-coureurs de la perte de sa vie, ou de la mutilation. Être oublié, étoit donc le plus sûr : mais cette sureté étoit encore une infortune. Les revenus fixés pour la subsistance des prisonniers étoient mal payés par le roi, ou retenus par les officiers, chargés de les leur remettre ; et l'avarice d'Hannès avoit souvent exposé tous ces princes à périr de froid et de faim.

Yásous parfaitement instruit de

leurs malheurs, se sentit poussé par son caractère généreux, à les réparer à jamais; et rien ne contribua peut-être autant à lui attacher le cœur de ses sujets, que la conduite magnanime qu'il tint en cette occasion.

Au milieu de cette noble famille, parut, comme s'il fut sorti de la tombe, Claudius, fils de Socinios, le premier qui avoit été emprisonné sur la montagne de Wechné par Facilidas son frère, aïeul de Yasous. C'étoit ce même Claudius, que les jésuites, afin de convertir l'Abyssinie à la religion romaine, et de la soumettre par les armes des Portugais, avoient voulu placer sur le trône de son père. Ces religieux, dans le dessein de rendre leurs ennemis toujours plus odieux, prétendirent que ce même Claudius fut égorgé par le roi son frère.

On vit descendre aussi de la montagne, les fils de Facilidas et leurs enfans, ainsi que les deux frères du roi, nés comme lui d'Hatzé Hannès. L'aspect de tous ces princes dont quelques-uns étoient très-avancés en âge, d'autres dans la fleur de la jeunesse, et plusieurs encore enfans, mais tout couverts de lambeaux, ou plutôt à moitié nus, fit une telle impression sur le jeune roi, qu'il fondit en larmes. Il les accueillit tous, de la manière la plus tendre, montrant beaucoup de respect aux vieillards, une familiarité aimable à ceux de son âge, et un vif intérêt aux enfans, à qui ses caresses et ses discours promettoient un meilleur sort.

Un de ses premiers soins fut de les pourvoir de ce qui leur étoit nécessaire. Il fit habiller ses frères comme lui-même ; et ses oncles furent vêtus plus richement encore. Ensuite il leur distribua à tous une forte somme d'argent.

On étoit alors dans le mois de décembre, qui, en Abyssinie, est le temps le plus agréable de l'année, parce que le soleil est modérément chaud, et le ciel toujours sans nuages. Toute la cour avoit planté ses tentes au pied de la montagne. Une foule de peuple, qui s'étoit réunie en cet endroit, n'avoit pour lit que l'herbe des prairies. Yasous traita tout le monde ; et les jours et les nuits ne furent qu'un festin continuel. « Il est trop juste, » disoit le roi,

« que je paye un plaisir dont au-
« cun de mes prédécesseurs n'a ja-
« mais osé jouir. » Aussi, personne ne
parut y prendre plus de part que ce
monarque. Toutes les graces qu'on
sollicita furent accordées, tous les
coupables pardonnés. Enfin, après
avoir resté là un mois, le roi se pré-
parant à partir, se fit apporter le
deftar, c'est-à-dire, le livre du tré-
sor, dans lequel sont écrites les
sommes qu'on paie pour l'entretien
des prisonniers; et après s'être bien
éclairci des paiemens qu'on avoit
effectués, après avoir effacé les retenues qui avoient été faites sur les
pensions, avoir pourvu à ce que tout à
l'avenir, fût exactement soldé, il
donna au gouverneur de Wechné
une augmentation de territoire, pour

le dédommager de la perte qu'il alloit faire. Ensuite il embrassa tous les princes, en les assurant de sa constante amitié; puis montant à cheval, il emmena le gouverneur avec lui, et laissa tous les prisonniers, libres au pied de la montagne.

Cette dernière marque de confiance fit encore plus d'impression que les autres bontés de Yasous, sur cette foule de princes. Ils s'empressèrent de regagner volontairement leur prison, considérant chaque instant de délai, comme une trahison envers leur sensible et magnanime bienfaiteur. Leur chemin fut arrosé des larmes de la reconnoissance. Les échos de la montagne retentirent des vœux qu'on adressoit au ciel, pour que le règne de Yasous fût long et prospère, et pour que la couronne fût à jamais portée par ses descendans. C'est bien le cas de remarquer ici, que pendant le règne de ce monarque, règne qui fut en effet très-long, et rempli de troubles et de guerres, aucun prétendant au trône ne quitta la montagne, ni ne parut contraire à des vœux si volontairement formés.

Le roi retira encore un autre avantage de sa générosité. Toute sa cour, tous les grands de l'empire eurent occasion de voir les princes qui pouvoient prétendre à la couronne; et, en les comparant à Yasous, ils convinrent unanimement que s'ils étoient dans le cas

de

de s'assembler pour choisir un monarque, le choix ne pourroit tomber que sur celui qu'ils avoient.

Yasous étoit, dit-on, l'homme de son siècle qui avoit le plus de grace et d'habileté à manier un cheval. Aussi, se distingua-t-il autant à la chasse des bêtes féroces, par son adresse et son courage, qu'il s'étoit distingué par les vertus aimables qui le rendirent si cher aux princes de son sang. Par-tout où ce jeune roi se présentoit, il excitoit l'enthousiasme. Les moines, les hermites, tous ces prophètes de malheur, n'avoient encore osé lui prédire rien de sinistre. Tout le monde ouvroit la bouche pour annoncer que son règne seroit glorieux et prospère.

Il y avoit neuf ans que Yasous régnoit, lorsqu'il parut une comète (1), remarquable par sa grandeur, par sa clarté resplendissante, et par la longueur de sa queue. C'étoit la première qu'on eût observée à Gondar. Elle y fut vue, deux jours avant la Saint-Michel, jour où l'armée abyssinienne a coutume d'entrer en campagne. Ce phénomène répandit une alarme générale. Les prophètes qui jusqu'alors, avoient été très-discrets, crurent qu'il seroit honteux pour eux de garder plus longtemps le silence. Ils prédirent donc comme une vérité infaillible et décidée de toute éternité, que la

---

(1) En 1680.

campagne qui alloit commencer, offriroit une scène de carnage, plus terrible et plus longue que toutes celles qui avoient déja ensanglanté l'Abyssinie : mais que les torrens de sang qui alloient couler sous les pas du roi, seroient arrêtés par sa mort; et que ce prince ne reverroit jamais Gondar.

Le but de l'expédition de Yasous étoit encore un secret ; et les sinistres présages de moines acquirent un grand crédit parmi le peuple. Mais le roi pensoit différemment. Toutes les sollicitations qu'on lui fit pour l'engager à différer son départ de quelques jours, furent inutiles. Il répondit avec ironie : « Il « faut donner beau jeu à la comète. « Usons-en bien avec elle, sans quoi

« elle ne reparoîtroit plus ; et alors
« les gens oisifs et les vieilles femmes
« n'auroient plus de quoi s'amu-
« ser. »

Il partit donc de Gondar le jour qu'il avoit déja fixé. A peine étoit-il à Amdaber, à peu de journées de distance de sa capitale, qu'un courier lui apporta la nouvelle de la mort de sa mère. Aussitôt il reprit le chemin de Gondar ; et après avoir payé à cette mère chérie le tribut de douleur que lui devoit sa tendresse, il la fit enterrer avec la plus grande pompe dans l'île de Mitraha.

Quoique les prophètes se fussent un peu trompés dans leurs prédictions, ils ne perdirent point courage. A la vérité, il n'y avoit point eu de sang de repandu. Le roi n'étoit pas mort avant que de retourner à Gondar. Mais sa mère venoit de perdre la vie, et c'étoit presque la même chose. La méprise ne devoit pas sembler bien grande, lorsque d'après l'autorité d'une comète, on ne se trompoit que sur le sexe ; et une reine au lieu d'un roi, cela ne devoit pas paroître une erreur de calcul. Quant au sang versé, et au trépas du monarque, les prophètes avouoient qu'ils en avoient fixé le terme trop près : mais que cela arriveroit quand il plairoit à Dieu, dans un temps ou dans un autre.

Tout le monde convenoit que ces explications étoient les meilleures qu'on pût donner. Le roi étoit le seul qui ne les approuvât pas.

Il voyoit clairement de la malice dans la prédiction de sa mort, et de la perte certaine de son armée, au moment même où il alloit entrer en campagne. Néanmoins il déguisa son ressentiment sous l'air de dérision, avec lequel il attaquoit sans cesse les prétendus devins. Après s'être informé exactement du jour de la mort de sa mère, il dit à son kéés hatzé, ou chapelain : « Je crains bien que vous ne « fassiez trop d'honneur à ma mère, « aux dépens de la religion. Con- « vient-il de croire que la même « étoile, qui se montra avec tant « d'éclat, à la naissance du Christ, « ait reparu tout exprès pour an- « noncer la mort de la fille de Gue- « bra Mascal ? »

L'année suivante fut signalée par une alarme soudaine qui se répandit d'un bout à l'autre du royaume, sans qu'elle eût néanmoins un fondement réel. Les Gallas, disoit-on, étoient entrés dans le Gojam, par plusieurs endroits à-la-fois, avec une armée innombrable, et ravageoient toute la province; mais ce qu'il y avoit de plus extraordinaire, c'est que le Nil étoit alors débordé. Le roi se mit en marche, et bientôt on apprit que toute cette histoire étoit l'effet d'une terreur panique. L'armée innombrable des Gallas se réduisoit à une petite bande de voleurs de cette nation, qui avoient effectivement passé le Nil suivant leur coutume, les cavaliers sur leurs montures, et les fantassins en s'accrochant à la queue des chevaux, ou portés sur des peaux de boucs, remplies de vent. Ces barbares surprirent quelques petits villages dont ils massacrèrent les habitans, et aussitôt ils regagnèrent l'autre bord du fleuve. Mais l'alarme se répandit tellement et si loin, qu'il y avoit à Gondar des gens qui auroient volontiers juré qu'ils avoient vu les églises et les cités en feu, et un grand nombre de Gallas, marchant vers Ibaba, lors même qu'il n'y en avoit pas un seul dans le Gojam.

Cependant, soit que Yasous considérât l'incursion de ce petit détachement dans une saison défavorable, et la terreur qu'elle avoit répandue, comme un artifice pour détourner son attention de quelque entreprise plus dangereuse, soit qu'il voulût profiter de cette circonstance, pour mieux cacher ses desseins, il enjoignit à tous les habitans de la province de Gojam, en état de porter les armes, de venir le joindre à Ibaba, le 7 janvier, temps le plus propre pour entreprendre une expédition dans le pays des Gallas. En attendant que son armée fût rassemblée, il se retira dans l'île de Dek, au milieu du lac Tzana.

La première femme de Yasous se nommoit Ozoro Malacotawit, et appartenoit à une famille considérable de la province de Gojam. Ce prince en avoit eu un fils, Tecla Haimanout, qui déja sorti de l'enfance, montroit le plus grand respect et la plus grande affection pour son père, dont il étoit extrêmement chéri. Le monarque donna même alors une preuve de la confiance qu'il avoit en son fils, telle que les annales d'Abyssinie en offrent rarement l'exemple. Il le laissa dans sa capitale, avec un pouvoir absolu pour gouverner pendant son absence. Yasous avoit pour maîtresse Ozoro Kedousté, qu'il aimoit passionnément. Cette femme remplie de grandes qualités, avoit eu de son amant, trois fils, David, Hannès et Jonathan.

Tandis que Yasous suivoit les mouvemens des Gallas, on vint lui dire qu'Ozoro Kedousté étoit malade de la fièvre. A l'instant il prit des mesures pour se rendre auprès d'elle : mais, malgré sa promptitude, il apprit, en arrivant à Bercanté, maison qu'habitoit sa maîtresse, que la mort la lui avoit enlevée, et qu'elle étoit enterrée depuis plusieurs jours. Soudain sa raison sembla l'abandonner. Se livrant à tous les transports du désespoir, il fit ouvrir la tombe de Kedousté, et il y descendit, avec ses trois enfans. Il tomba dans un tel accès de délire, à la vue des tristes restes de son amante, qu'on eut beaucoup de peine à l'en éloigner. Alors il retourna à Gondar; puis il se retira dans une île située au milieu du lac Tzana, pour pouvoir s'abandonner tout entier à sa douleur.

Le deuil du roi étant achevé, ce

prince dépêcha Badjerund Oustas à son fils, pour qu'il lui envoyât un corps de troupes de sa maison, sur les bords du lac, vis-à-vis de l'île de Tchekla-Wanze, où il faisoit sa résidence.

Les voyageurs qui ont parlé de l'Abyssinie, ont dit que les enfans nés en légitime mariage, ont la même préférence pour les droits à la succession de leur père, que dans les autres pays. Une telle assertion est sans aucun fondement. Jamais il n'y a de mariage régulier en Abyssinie. Le simple consentement des parties suffit pour former leur union: mais quand on regarderoit cela comme régulier, il n'en seroit pas moins vrai que les enfans naturels, c'est-à-dire, ceux qui naissent par suite de liaisons

liaisons sans mariage, et les enfans adultérins, c'est-à-dire, ceux qui naissent d'une concubine et d'un homme marié, peuvent succéder à la couronne, comme à tout héritage particulier. Les enfans de Yasous en offrent un exemple bien remarquable. Ce monarque avoit eu Tecla Haimanout, de la reine Malacotawit; et cependant il voulut exclure ce fils, du trône, sur lequel montèrent ensuite trois bâtards, frères de ce jeune prince, dont deux, David et Hannès, étoient nés, d'Ozoro Kedousté, et le troisième, Bacouffa, d'une autre concubine.

La reine Malacotawit avoit supporté avec une indifférence apparente, la préférence que le roi avoit donnée à sa maîtresse Ozoro Kedousté : mais à la mort de celle-ci, elle ne put voir sans jalousie, les regrets violens de son époux, et les honneurs qu'il rendoit à la mémoire de sa rivale. Pleine de ressentiment, elle apprit à son fils Tecla Haïmanout, que Yasous avoit résolu de le priver de sa succession, de l'envoyer avec elle en prison à Wechné, et de placer sur le trône, David, l'aîné des enfans d'Ozoro Kedousté.

Malacotawit avoit eu soin de se lier, avec les principaux personnages de la cour ; et, par le secours de ses amis et des mécontens, elle rassembla une grande armée en Gojam, sous le commandement de ses deux frères, Dermin et Paulus. D'ailleurs Tecla Haimanout avoit déja donné de grandes preuves de sa sagesse et de ses talens pour gouverner ; et la plupart des anciens et des meilleurs officiers de son père, s'étoient attachés à lui.

Il fut donc résolu de répondre au message de Yasous : « qu'après un si « long règne et tant de sang versé, « le roi feroit bien de se retirer dans « quelque monastère pour le reste « de ses jours, et s'y repentir des « grands péchés qu'il avoit commis ; « qu'il devroit résigner la couronne « à son fils Tecla Haimanout, ainsi « que l'ancien roi Kaleb l'avoit ré- « signée dans les mains de saint « Pantaleon, en faveur de son fils « Guebra Mascal. » Comme il n'y avoit pas de sureté à s'acquitter d'une pareille commission auprès d'un roi tel que Yasous, on en chargea un simple soldat, qui ne pouvoit pas devenir l'objet du ressentiment du monarque.

Le roi reçut donc cette réponse au milieu du lac de Tzana, dans l'île de Tchekla Wanzé, où il résidoit encore. Il répliqua soudain par le même message : « qu'il « savoit depuis long-temps quels « étoient ceux qui séduisoient son « fils Tecla Haimanout, et qui lui « faisoient trahir ses devoirs envers « son père et son souverain ; mais « que, quoiqu'ils ne fussent pas « égaux à saint Pantaleon, il vou- « loit pourtant, tels qu'ils étoient, « les aller joindre à Gondar, et y « couronner son fils. »

Ce discours ironique fut fort bien

entendu. Les courtisans et les habitans de la capitale, qui étoient auprès de Tecla Haimanout, jurèrent solennellement de vivre et de mourir avec ce prince. On n'ignoroit point quelle étoit la sévérité de Yasous. Sa colère étoit juste ; et d'après cela, jugeant de sa vengeance, tous ceux qui craignoient d'en être l'objet, virent bien qu'il n'y avoit pour eux d'autre alternative que la victoire ou la mort.

Aucun parti ne mit de la lenteur dans ses préparatifs. Le Kasmati Honorius, gouverneur du Damot, ancien et brave officier de Yasous, rassembla beaucoup de troupes, et s'avança du côté de la rive occidentale du lac. Le roi le joignit bientôt; et s'étant mis à la tête de son armée, il côtoya le lac jusqu'à la rive méridionale qui est vis-à-vis de Dingleber.

Tecla Haimanóut sachant que son père étoit en marche, ne perdit pas un seul instant. Il sortit de Gondar, avec tous les signes de la royauté, et vint camper à Bartcho, dans le même endroit où Za Denghel fut vaincu et massacré par ses sujets rebelles. Le prince croyant ce poste fatal aux rois, résolut d'y livrer bataille à son père.

Cependant Yasous traversant le pays bas de Dembea, fut attaqué d'une fièvre putride, très-commune dans ces contrées, et qui fit tant de progrès qu'on fut obligé de le reporter dans son île de Tchekla Wanzé. Cet accident découragea son parti. Honorius se retira en Gojam, où, sans congédier son armée, il attendit la convalescence de son maître.

La reine Malacotawit ne fut pas plutôt instruite de la maladie du roi son époux, qu'elle envoya un message à son fils Tecla Haimanout, pour qu'il quittât le lieu insalubre où il étoit campé, et qu'il rentrât dans Gondar. Dès que le prince fut de retour, la reine fit partir ses deux frères Paulus et Dermin, qui, suivis de plusieurs soldats et de deux fusiliers mahométans, se rendirent dans l'île de Tchekla Wanzé, où ils surprirent le roi dans son lit. Après qu'on lui eut tiré un coup de fusil, Dermin lui plongea son épée dans le sein. Les meurtriers voulurent ensuite brûler le corps pour éviter l'horreur que la vue en pourroit inspirer : mais ils en furent empêchés par les prêtres et les principaux habitans de l'île, qui s'emparèrent des restes de leur roi. Ils les lavèrent, les enveloppèrent suivant tous leurs rites, puis ils les portèrent avec pompe et magnificence, dans la petite île de Mitraha. « Là, » dit M. Bruce, « ils déposèrent le corps « de Yasous, parmi tous ses an- « cêtres, et je l'y ai vu encore bien « conservé. »

Tecla Haimanout, devenu roi, se garda bien de s'opposer aux honneurs qu'on rendoit volontairement à la mémoire de son père. Au contraire, ce parricide s'empressa de remplir des devoirs auxquels son cœur étoit dès long-temps étranger.

Yasous étoit très-belliqueux, et, quelque contraire que cela puisse paroître, il n'aimoit point à répandre du sang. Il eut occasion de découvrir beaucoup de conspirations, tant de la part des prêtres que de ses autres sujets, dont la vie étoit dès-lors condamnée par les lois; cependant, soit qu'il cédât à sa propre impulsion, ou à des sollicitations étrangères, il laissa infliger rarement la peine de mort à ceux qui l'avoient méritée.

Dès que Yasous ne fut plus, on lui donna unanimement le nom de *Tallac*, c'est-à-dire, de grand, nom qui a depuis été consacré pour lui dans les annales d'Abyssinie;

d'où M. Bruce a tiré l'histoire de son règne.

TECLA HAIMANOUT.

De 1704 à 1706.

Un Arménien, nommé Elias, chargé de lettres de protection de la part de Yasous, alloit joindre à Sennaar, M. le Noir du Roule (1),

(1) Ce fut une intrigue assez compliquée qui donna lieu à l'ambassade de M. du Roule. On vouloit rétablir la mission des jésuites en Abyssinie, et donner à Louis XIV l'honneur de cette religieuse entreprise. M. le Noir du Roule, dont il est ici question, étoit un jeune homme de mérite, plein du desir de se distinguer, et qui précédemment occupoit la place de vice-consul de Damiette. Il connoissoit un peu les langues qu'on

ambassadeur français, qui se rendoit en Abyssinie, et il n'étoit plus qu'à trois journées de cette ville, lorsqu'il apprit l'assassinat du monarque abyssin. A cette nouvelle, frappé de terreur, il se hâta de reprendre le chemin de Gondar, où il demanda que les lettres de Yasous

parle communément en Orient: mais il ignoroit absolument celle du pays où il alloit; et ce qui étoit plus malheureux encore, il ignoroit aussi les coutumes et les préjugés des nations chez lesquelles il devoit passer. Semblable à la plupart de ses compatriotes, il avoit une singulière prédilection, pour l'habillement, les goûts et les mœurs des Français. Il méprisoit souverainement les usages des autres nations. Ce mépris, qu'il ne dissimuloit pas assez, contribua sans doute à mettre sa vie en péril.

fussent remplacées par des lettres de son successeur. Tecla Haimanout lut les lettres de son père; il en fut satisfait, et il ordonna qu'on les copiât en son nom. Muni de ces nouvelles dépêches, Elias se remit en route. M. Bruce regardant la lettre de Tecla Haimanout, dont l'original est écrit en arabe, comme du petit nombre de celles qui sont authentiques, nous en a donné la traduction. Voici cette lettre :

Le roi Tecla Haimanout, fils du roi de l'église d'Ethiopie, roi de mille églises.

« De la part du roi puissant et
« auguste, l'arbitre des nations, l'i-
« mage de Dieu sur la terre, le guide
« des rois qui professent la religion
du

« du Messie, le plus puissant des
« rois chrétiens, celui qui maintient
« l'ordre entre les chrétiens et les
« mahométans, le protecteur de
« l'église d'Alexandrie, l'observa-
« teur des commandemens de l'E-
« vangile, le descendant des pro-
« phètes David et Salomon. —
« Puisse la bénédiction d'Israël être
« sur notre prophète et sur eux ! —
« Au roi Baady, fils du roi Ounsa.
« Puisse son règne être rempli de
« douceur, ainsi que le méritent les
« rares qualités dont il est doué, et
« le talent distingué qu'il a pour
« gouverner son royaume, avec sa-
« gesse, avec ordre, avec équité !
« — Le roi de France, qui est un
« prince chrétien, nous a écrit, il y a
« sept ans, une lettre par laquelle

« il nous mande, qu'il desire former
« avec nous, des liaisons de com-
« merce, utiles à ses sujets et aux
« nôtres ; ce à quoi nous avons
« consenti. Nous venons en ce mo-
« ment d'apprendre que ce monar-
« que nous a envoyé des présens par
« un homme dont le nom est du
« Roule, et qui est accompagné de
« quelques autres personnes, toutes
« retenues, ainsi que lui, dans votre
« ville de Sennaar. Ainsi, nous re-
« quérons de vous, de les mettre
« immédiatement en liberté, et de
« les laisser venir auprès de nous,
« avec toutes les marques d'hon-
« neur qui leur sont dues, en con-
« sidération de l'ancienne amitié
« qui a, sans cesse, subsisté entre
« nos prédécesseurs, depuis le temps

« du roi de *Sedgid* et du roi de *Kim*,
« jusqu'à ce jour. Nous vous de-
« mandons aussi de laisser passer
« librement tous les sujets du roi de
« France, et tous ceux qui sont
« porteurs de lettres du consul du
« Caire, ainsi que tous les Français
« qui viendront, seulement pour
« faire le commerce, parce qu'ils
« sont de la même religion que nous.
« Nous vous demandons encore le
« passage de tous les chrétiens fran-
« çais, coptes et syriens, qui sui-
« vent nos rites et qui desirent
« de venir dans nos états : mais nous
« vous prions de ne pas laisser pas-
« ser ceux qui sont contraires à
« notre religion, tels que le moine
« Joseph (1) et ses compagnons,

(1) On ne sait pas précisément qui étoit

« que vous pouvez retenir à Sen-
« naar, parce que notre intention
« n'est pas qu'ils pénètrent en au-
« cune manière dans notre royaume,
« où ils ne pourroient occasionner
« que des troubles, comme étant
« ennemis de notre foi. Que Dieu
« exauce tous vos desirs !

« Ecrit le 10 de zoulkadé, l'an
« 1118 (le 21 janvier 1706). »

L'adresse de cette lettre est :
« Au roi Baady, fils du roi Ounsa,
« que Dieu veuille favoriser par sa
« grace. »

ce moine Joseph : mais il est probable
que c'étoit un missionnaire de l'ordre des
frères mineurs.

Autre traduction d'une lettre arabe, écrite par le roi d'Abyssinie à M. du Roule.

« Le roi Tecla Haimanout, roi
« de l'église dominante, fils du roi
« de mille églises. » « Cette lettre est de
« l'auguste et vénérable roi, l'image
« de Dieu, le guide des princes
« chrétiens qui sont sur la terre,
« le plus puissant des rois naza-
« réens, l'observateur des com-
« mandemens de l'Evangile, le pro-
« tecteur de l'église d'Alexandrie
« dans toute son étendue, celui qui
« maintient l'ordre entre les maho-
« métans et les chrétiens, qui des-
« cend de la famille des prophètes
« David et Salomon, et sur lequel
« Dieu puisse-t-il verser les bénédic-
« tions d'Israël, avec un éternel bon-

« heur, en protégeant ses armes et
« en perpétuant sa puissance! —
« Ainsi soit-il. — A son excellence,
« le très-vertueux et très-prudent
« du Roule, français, qui est en-
« voyé vers nous. Que Dieu daigne
« le conserver et le conduire à la
« plus haute prospérité! — Ainsi
« soit-il. — Votre interprête Elias
« que vous avez envoyé ici, est ar-
« rivé; et a été bien accueilli. Nous
« avons appris que vous venez vers
« nous de la part de notre frère le
« roi de France; et nous sommes
« surpris que vous ayez été détenu à
« Sennaar. Nous vous adressons une
« lettre pour le roi Baady, afin qu'il
« vous laisse libre, et qu'il ne vous
« fasse aucune insulte, ni aux per-
« sonnes de votre suite; mais qu'il

« vous traite, au contraire, ainsi qu'il
« convient à vous et à nous, confor-
« mément à la religion du syrien
« Elias, votre envoyé; et que tous
« ceux qui peuvent venir après
« vous, de la part de notre frère,
« le roi de France, et de son consul,
« reçoivent un accueil favorable,
« soit qu'ils viennent comme am-
« bassadeurs, soit qu'ils viennent
« comme simples marchands, parce
« que nous aimons tous ceux de
« notre religion. Nous traitons bien
« ceux qui ne s'opposent point à
« nos lois; mais nous éloignons de
« nous les autres: aussi, n'avons-
« nous pas voulu recevoir tout de
« suite, Joseph et tous ses compa-
« gnons, ni permettre qu'ils parus-
« sent en notre présence. Nous ne

« voulons même pas que ces sortes
« de gens passent de Sennaar, dans
« nos états, parce que nous desirons
« d'éviter des troubles qui pour-
« roient occasionner la mort de
« beaucoup de monde. Mais quant
« à vous, nous savons que nous
« n'avons rien à craindre ; vous pou-
« vez venir en toute sureté, et vous
« serez reçu avec honneur.

« Ecrit le 10 du mois de zoul-
« kadé (le 21 janvier 1706). »

L'adresse est : « Que cette lettre
« soit mise à M. du Roule, dans la
« ville de Sennaar. »

Le malheureux messager Elias
étoit prêt à rentrer dans cette
ville, lorsqu'il apprit l'assassinat de
du Roule.

Cet envoyé avoit été d'abord bien reçu du monarque. Mais bientôt les gens de sa suite et lui-même, furent pris pour des magiciens, ou des sorciers. En conséquence leur mort fut résolue. L'ambassadeur alloit quitter Sennaar pour continuer son voyage, lorsque quatre nègres l'attaquèrent, et le tuèrent à coups de sabre, au milieu d'une grande place, qui est devant le palais du roi, et qui sert aux exécutions. M. du Roule reçut la mort avec la plus grande magnanimité. Sachant que les lois des nations rendoient sa personne sacrée, il dédaigna de se défendre, remettant sa vengeance aux gardiens de ces lois, et exhortant ses compagnons à faire de même. Mais un des dragomans, M. Macé, jeune homme plein de courage, ne voulut pas se résoudre si facilement à mourir. De deux coups de pistolet, il tua deux des assassins, et il continuoit à se défendre avec son épée, quand un cavalier venant derrière lui, le frappa d'un coup de lance, et l'étendit roide mort. Tous les compagnons de M. du Roule périrent à ses côtés. M. Bruce attribue cet horrible assassinat à la jalousie des moines franciscains et à celle de leurs confrères, les moines de la Terre-sainte. Le roi de Sennaar ne fut que leur agent; et l'esprit de dévotion de Louis XIV, l'empêcha de faire des recherches sur ce monstrueux attentat. Elias s'empressa de fuir une terre inhospitalière; et de reour en Abyssinie, il rendit compte à Tecla Haimanout du triste sort de l'ambassadeur français. Ce monarque en fut si indigné, qu'il donna soudain l'ordre de rappeler auprès de lui toutes celles de ses troupes qui étoient à quelque ditance. Dans un conseil tenu à ce sujet, il déclara qu'il considéroit la mort de du Roule, comme un affront fait à sa couronne et à sa dignité; qu'ainsi, loin de la pardonner, il étoit décidé à faire sentir au roi de Sennaar, qu'il connoissoit, comme tous les autres souverains du monde, la nécessité de respecter le droit des nations, et les conséquences funestes que pouvoit entraîner la violation de ce droit. S'imaginant en même temps que le pacha du Caire étoit l'instigateur de l'assassinat, il lui écrivit la lettre suivante :

Traduction d'une lettre arabe du roi d'Abyssinie au pacha et au divan du Caire.

« Au pacha et aux autres chefs des
« troupes du Caire.

« De la part du roi d'Abyssinie,
« le roi Tecla Haimanout, fils du
« roi de l'église d'Abyssinie.

« De la part du monarque au-
« guste, le puissant arbitre des na-
« tions, l'image de Dieu sur la
« terre, le guide des rois qui pro-
« fessent la religion du Messie, le
« plus puissant des rois chrétiens,
« celui qui maintient l'ordre entre
le

« les mahométans et les chrétiens, le
« protecteur des confins d'Alexan-
« drie, l'observateur des commande-
« mens de l'Evangile, l'héritier, de
« père en fils, du plus puissant royau-
« me du monde, le descendant de la
« famille de David et de Salomon.
— « Puisse la bénédiction d'Israël être
« sur votre prophète et sur eux!
« Puisse son bonheur être durable,
« et sa grandeur éternelle! et puis-
« sent ses armes être toujours re-
« doutées! — Au très-puissant sei-
« gneur, élevé par sa dignité, véné-
« rable par son mérite, distingué
« par sa force et ses richesses parmi
« tous les mahométans, le protec-
« teur de tous ceux qui l'implorent,
« celui qui, par sa prudence, gou-
« verne et dirige les armées d'un

« noble empire, et commande sur
« ses frontières, victorieux vice-
« roi d'Egypte, dont les quatre
« coins seront toujours respectés
« et défendus. — Ainsi soit-il. —
« Et à tous les princes distin-
« gués, juges, hommes savans, et
« autres officiers dont le soin est de
« maintenir l'ordre dans le gouver-
« nement, et à tous ses comman-
« dans en général, que Dieu daigne
« conserver dans toutes leurs di-
« gnités, et dans toute la noblesse
« de leur état. — Nous vous appren-
« drons que nos ancêtres n'ont ja-
« mais porté envie aux autres rois,
« qu'ils ne leur ont causé aucun
« embarras, ni montré aucune mar-
« que de haine. Au contraire, ils
« leur ont donné dans toutes les

« occasions, des preuves de leur
« amitié, les aidant généreusement,
« leur prêtant des secours, tant pour
« la caravane des pèlerins de la Mec-
« que, dans l'Arabie heureuse, que
« dans les Indes, en Perse, dans
« les autres lieux les plus éloignés,
« ainsi qu'en protégeant des per-
« sonnes distinguées, lorsqu'elles
« en ont eu besoin.

« Cependant, le roi de France
« notre frère, qui professe notre
« religion et notre loi, ayant été
« excité par des avances d'amitié
« convenables de notre part, nous
« a envoyé un ambassadeur. Mais
« nous avons appris que vous l'a-
« vez fait arrêter à Sennaar, ainsi
« qu'un Syrien, nommé Mourat, que
« vous avez mis en prison, quoique

« nous l'eussions envoyé nous-mê-
« mes, au-devant de cet ambassadeur.
« Vous avez par ce moyen, violé la
« loi des nations, qui veut que les
« ambassadeurs des rois soient tou-
« jours libres d'aller où ils veulent.
« Il faut même les traiter avec hon-
« neur ; et c'est une obligation gé-
« néralement reconnue. Ils ne doi-
« vent être ni molestés, ni détenus,
« ni assujettis à payer des droits,
« ni à donner des présens d'aucune
« espèce. Nous pourrions vous payer
« bientôt de la même manière, si
« nous étions enclins à venger les
« insultes que vous avez faites à Mou-
« rat, notre envoyé. Le Nil (1)

(1) Lalibala, prince qui n'étoit point
de la race de Salomon, mais que les an-

« serviroit à vous punir suffisam-
« ment, puisque Dieu a mis en
« notre pouvoir, ses sources et ses
« inondations, et que nous sommes

nales d'Abyssinie représentent comme un saint, et qui régnoit vers l'an 1200, indigné des persécutions que les chrétiens enduroient en Egypte, voulut, non pas détourner le cours du Nil, mais empêcher plusieurs rivières qui le grossissent de tomber dans son lit. Les eaux du fleuve ne s'étant plus élevées à la hauteur convenable, l'Egypte eût perdu cette fertilité que lui donnent ses inondations. Lalibala détourna effectivement le cours de deux grandes rivières. Il les porta du côté de l'océan indien, où depuis, elles ont continué à couler. On assure que l'on voit encore, dans la province de Shoa, les travaux entrepris à cet effet, et qu'il est impossible de se tromper sur leur destination. Ce fut, dit-on, la

« les maîtres d'en disposer pour
« vous faire du mal : mais quant à
« présent, nous ne vous deman-
« dons que de ne plus vexer nos

mort de Lalibala, qui mit fin à ces travaux. Une version différente porte que les moines firent entendre à ce prince, que s'il faisoit couler une grande quantité d'eau dans les royaumes arides, d'Area, de Mara et d'Adel, dont la population s'augmentoit chaque jour, et qui étoient aussi puissans que l'Abyssinie elle-même, ces contrées stériles deviendroient le jardin du monde; qu'aux premières apparences de la diminution du Nil, un si grand nombre de Sarrasins abandonneroient l'Egypte et viendroient s'établir dans ces royaumes, que non-seulement ils seroient assez forts, pour les affranchir de la dépendance de l'Abyssinie, mais encore pour envahir entièrement cet empire.

« envoyés, et de ne pas nous in-
« quiéter, en retenant ceux que
« nous vous adressons. Nous vous
« prions de les laisser passer et con-
« tinuer leur route sans délai, de
« les laisser aller et venir libre-
« ment, où ils voudront pour leur
« propre avantage, qu'ils soient nos
« sujets, qu'ils soient Français ; et
« tout ce que vous ferez à leur égard,
« nous le regarderons comme fait
« à nous-même. »

L'adresse est : « Au pacha, prince
« et seigneur, gouvernant la ville
« du grand Caire. Que Dieu le favo-
« rise par sa bonté ! »

Le roi ayant dompté tous ses ennemis, se laissa persuader par quelques-uns de ses favoris de renvoyer

Dermin, son général, et de licencier son armée, ainsi que le reste des troupes qui étoient venues le joindre. Ces mêmes favoris l'engagèrent ensuite à aller avec ses courtisans seulement, à la chasse des buffles, dans le pays d'Idi, dont il se trouvoit alors assez près. Le jeune monarque ne soupçonnant aucune trahison, se livra trop imprudemment à ces conseils.

A peine Tecla Haimanout étoit-il parti pour cette chasse, qu'une conspiration fut tramée entre ses frères et plusieurs anciens officiers de Yasous, qui voyoient bien que l'intention du roi étoit de les écarter l'un après l'autre, dès qu'il pourroit le faire sans danger, et de mettre tous les honneurs et le pouvoir entre les mains de la reine Malacotawit et des deux frères de cette princesse, Paulus et Dermin. Les conjurés ayant donc environné le roi, un matin qu'il étoit monté sur un mulet, l'un d'eux le perça d'un coup d'épée et le fit tomber par terre. Ensuite ils le prirent, ils le mirent en travers sur un cheval, et se hâtèrent de le transporter dans la maison d'Azena Michaël, un de leurs complices. Le malheureux prince étoit encore en vie : mais il expira au moment qu'on le retiroit de dessus le cheval. Le Badjerund Oustas et quelques autres vieux officiers, qui s'étoient attachés à lui, depuis la mort de son père, lui rendirent les honneurs funèbres, et l'enterrèrent dans Quebran.

Aussitôt que l'on fut informé de la mort de Tecla Haimanout, le général de la cavalerie rassemblant le peu de troupes qu'il put trouver, marcha droit au palais, où il proclama roi, un fils de ce prince, âgé de quatre ans seulement, et l'Iteghé (1) Malacotawit, régente du royaume. Mais le Badjerund Oustas et ceux qui n'avoient eu aucune part au meurtre des deux derniers

(1) Quoique les femmes soient exclues du trône en Abyssinie, il y existe cependant une loi, ou coutume, par laquelle la reine sur la tête de qui le roi a mis la couronne, soit que ce roi fût son époux, son fils, ou son parent, devient, à la mort du monarque, régente du royaume et tutrice du roi mineur pendant tout le temps qu'elle vit. De plus, si son fils meurt et qu'il soit remplacé par un d

rois, se rendirent à la montagne de Wechné, et en tirèrent Tifilis, c'est-à-dire Théophile. Ce prince, fils de Hannès et frère du roi Yasous, fut mené à Emfras, où il fut couronné et reçut le surnom d'Atserar Segued.

ses frères, mineur comme lui, ou par quelque autre jeune prince qui n'est point parent de cette reine, et qu'on retire peut-être de la montagne, la princesse conserve la régence. Elle ne la quitte absolument pas que le roi ne soit majeur ; et elle règle à son gré l'éducation et l'entretien du prince.

TIFILIS.

De 1706 à 1709.

Peu de temps après qu'il fut monté sur le trône, Tifilis convoqua tous les grands de sa cour et son clergé, et il leur déclara que sa foi sur l'incarnation du Christ, objet d'une dispute interminable, différoit de la foi de son frère Yasous, et de son neveu Tecla Haimanout: mais qu'elle étoit en tout conforme à celle des moines du Gojam, disciples de l'abba Eustathius, et à celle de l'Itéghé Malacowit, de Dermin et de Paulus. Soudain il s'éleva beaucoup de murmures. Les moines de Debra Libanos reprochèrent au roi d'avoir abandonné les principes religieux de ses prédécesseurs: mais le le monarque demeura inflexible; et cette conduite lui attacha davantage les habitans du Gojam.

Tifilis ne tarda pas à faire arrêter et emprisonner le général de la cavalerie, Johannès Palambaras, le Betwudet Tigi, et plusieurs autres officiers, tous accusés d'être les auteurs de la mort du dernier roi.

Cette démarche rassura tous les amis de Tecla Haimanout, qui avoient craint de se voir recherchés pour le meurtre de Yasous; et alors la reine Malacotawit et ses deux frères, avec tous leurs complices, vinrent pendant l'hiver à Gondar, rendre hommage à Tifilis qu'ils regardoient comme leur plus grand protecteur.

Mais ce prudent monarque avoit

gardé son secret dans le fond de son cœur. Toute sa conduite n'étoit que feinte, pour engager les assassins de son frère à ne pas se défier de lui. Lorsqu'il les eut en sa puissance, il chargea un officier d'arrêter la reine et les deux frères de cette princesse, la première fois qu'ils se présenteroient devant lui. Les mêmes ordres furent donnés à l'égard des autres conspirateurs, qui, répandus aux environs de Gondar, se réjouissoient dans les festins, de voir luire enfin les heureux jours qu'ils s'étoient promis. Tous reçurent la mort dans la même matinée. Ils étoient au nombre de trente-sept personnes, dont plusieurs distinguées par leur naissance et par leur rang.

La reine fut exécutée la première. Tifilis la fit pendre en sa présence, à un arbre devant la porte du palais. L'histoire ne nous représente aucune autre reine qui ait péri d'une mort aussi infâme. Dermin et Paulus furent traînés devant l'arbre où l'on pendit leur sœur. Après avoir été témoins de son supplice, ils furent percés d'une épée, arme dont ils s'étoient servis contre le roi Yasous. Leurs deux complices, mahométans, périrent à coups de fusil, parce que ce fut ainsi qu'ils commencèrent l'assassinat du monarque. Les meurtriers étant tous coupables de haute-trahison, aucun d'eux ne fut enterré. On hacha leurs corps avec des coutelas, et l'on en parsema les rues, pour que les chiens et les hyènes les dévorassent, coutume barbare qu'on suit encore en Abyssinie.

Après avoir ainsi vengé la mort de son frère Yasous, le monarque ne fut point encore satisfait. Tecla Haimanout s'étoit, à la vérité, rendu coupable d'un parricide : mais il étoit roi, il étoit neveu de Tifilis; et celui-ci ne croyoit pas qu'il fût permis à des hommes qui avoient reconnu ce prince, pour leur souverain, de le punir d'un crime, qui ne les avoit pas empêchés d'entrer à son service, à l'instant même où ce crime venoit d'être commis. Il fit donc punir de mort tous les régicides qui étoient en prison, et il écrivit une lettre circulaire aux divers gouverneurs de ses provinces, pour qu'ils sévissent de la même manière contre tous ceux qui avoient eu part à l'assassinat de Tecla Haimanout.

Tifilis après avoir étouffé une révolte, à la tête de laquelle s'étoit mis un imposteur, qui avoit pris le titre de roi, fut attaqué d'une fièvre, qui l'emporta le 2 septembre, après un règne de trois ans et trois mois.

OUSTAS.

De 1709 à 1714.

On a souvent remarqué dans le cours de cette histoire, que les Abyssins, d'après une tradition fort ancienne, attribuent la fondation de leur monarchie à Menilek, fils de Salomon et de la reine de Saba, ou d'Azab, que la vulgate appelle la reine du midi.

Yasous le grand, après un règne glorieux et long, fut assassiné par son fils Tecla Haimanout. Deux ans après, ce parricide éprouva le même sort. Ces deux meurtres si rapprochés, furent cause que les premières familles d'Abyssinie eurent part à l'un ou à l'autre de ces attentats, ou du moins en furent soupçonnées.

A la mort de Tecla Haimanout, Tifilis, ou Hippolyte, avoit été tiré de son exil, et choisi pour successeur de son neveu. Le premier effet de sa puissance fut l'exemple terrible qu'il fit des meurtriers des deux derniers rois; et il sembloit avoir pris des renseignemens secrets, qui auroient étendu sa vengeance sur tous les coupables, si la mort n'avoit mis un terme à ses recherches.

Les enfans de Yasous, exilés sur la montagne de Wechné, étoient en très-grand nombre. C'etoit là que tous les citoyens et les soldats aimoient à aller prendre leurs rois. Plusieurs princes de la famille royale étoient en âge de régner, et donnoient les plus grandes espérances. Il étoit donc très-vraisemblable que le roi qu'on choisiroit, seroit pris parmi eux, et qu'il auroit intérêt à suivre les projets de Tifilis, contre tous les régicides. Enfin, on ne pouvoit prévoir jusqu'où s'étendroit alors la vengeance du monarque.

Il n'étoit plus, ce temps où les grands de l'empire alloient à l'envi les uns des autres, en secret, ou à force ouverte, chercher le nouveau roi, sur la montagne, pour le conduire à Gondar, sa capitale. Une extrême froideur étoit visible dans la conduite de chacun d'eux, parce que la même crainte existoit dans le cœur de tous.

Dans ces conjectures extraordinaires, dans cette disposition des esprits, un simple particulier eut l'audace de s'offrir lui même pour être roi; et soudain il fut élu. Cet homme étoit Oustas (1), fils de Delba Yasous, et d'une fille du dernier roi de ce nom. Ainsi l'Abys-

___
(1) Ce mot signifie juste.

sinie vit pour la seconde fois, un étranger assis sur le trône de Salomon. Le mérite d'Oustas étoit généralement reconnu; Oustas avoit occupé les premières places de l'empire. Il fut d'abord, Badjerund, ou grand maître de la maison de Yasous le Grand ; et ensuite Tecla Haimanout le fit gouverneur du Samen. Au commencement du règne de Tifilis, Oustas tomba dans la disgrace : mais ce revers ne servit qu'à le faire paroître plus grand. Bientôt après, le monarque le rappela, lui donna le gouvernement des provinces de Samen et de Tygré, et lui conféra la dignité de Ras, la première après celle de roi. A la mort de Tifilis, Oustas se trouvoit donc l'homme le plus puissant d'Abyssinie. Il ne lui falloit qu'un pas pour monter sur le trône, et les circonstances l'excitèrent à le faire. Doué de tous les avantages du corps et de l'esprit, il n'avoit contre lui que les lois de son pays, qui rendoient son ambition criminelle. A son avénement, il prit le nom de Tzaï Segued.

Quoique usurpateur, Oustas se conforma aux coutumes des anciens rois d'Abyssinie, et ne voulut point ajouter une nouveauté à la nouveauté qui l'avoit porté au trône. D'après un usage constant, ces princes ont fait d'une partie de chasse la première expédition de leur règne. Alors le roi, accompagné de tous les grands officiers de l'empire, dont le mérite et les talens sont reconnus, passe en revue sa jeune noblesse, qui s'empresse de se montrer avec tous ses avantages, c'est-à-dire, armée de la manière la plus brillante, montée sur les plus beaux chevaux, et suivie de beaucoup d'équipages et d'un grand nombre de domestiques. Le rendez-vous est ordinairement dans le Kolla, où abondent les animaux les plus grands et les plus redoutables, tels que les éléphans, les rhinocéros, les lions, les léopards, les panthères, les buffles, encore plus féroces, les sangliers, les ânes sauvages, et plusieurs espèces de bêtes fauves.

Aussitôt que les animaux qu'on poursuit, sont forcés hors du bois, par les gens de pied qui gardent les chiens, chacun des chasseurs, en particulier, ou plusieurs ensemble, suivant la grandeur de l'animal et suivant leur force et leur adresse, l'attaquent, armés ordinairement de longues piques, ou de deux javelines. Le roi, lorsqu'il n'est pas extrêmement jeune, se tient à cheval sur une éminence, et entouré de ses vieux officiers qui lui nomment les chasseurs assez heureux pour se distinguer sous ses yeux. La renommée fait connoître le mérite des autres.

Chaque jeune chasseur porte en trophée devant la tente du roi, une partie de l'animal qu'il a tué, comme la tête et la peau d'un lion ou d'un léopard, le bois d'un daim, quelque partie d'un éléphant, la queue d'un
buffle

buffle, la corne d'un rhinocéros. Les soins, la force, le temps nécessaires, pour arracher les dents d'éléphant, opération pour laquelle il faut employer le feu, ne permettent guère que ces dents paroissent parmi les autres dépouilles. Les hures de sangliers sont présentées au bout d'une lance : mais on ne les touche point, parce qu'elles ne sont pas assez propres.

Les dents d'éléphans sont recherchées par le roi, qui les fait tourner en brasselets, et porte toujours une assez grande quantité de ces ornemens, pour les distribuer à ceux qui se distinguent le plus sur le champ de bataille ; et ceux-ci ont soin de les conserver comme des preuves de leur bravoure. L'honneur n'est pas le seul avantage attaché à ces brasselets. Celui à qui le roi, la reine régente, ou quelque gouverneur de province, en a donné assez pour couvrir son bras jusqu'au poignet, se présente à un jour marqué, devant les douze juges. Là, il étend le bras, chargé de ces brasselets que le cuisinier du roi, coupe l'un après l'autre, avec un couteau de cuisine; et les juges délivrent au possesseur un certificat, par lequel il a droit à une terre dont le revenu doit valoir plus de vingt onces d'or, terre dont on ne lui refuse jamais l'investiture. Cependant toute espèce de proie n'est pas payée le même prix. Deux brasselets sont dus à celui qui tue un galla, ou un changalla, corps à corps. Un éléphant, un rhinocéros, une giraffe, qui, à cause de sa rapidité, ne peut être attaquée que par un habile cavalier, un buffle, un lion, méritent au vainqueur la même récompense de deux brasselets : mais il n'en obtient qu'un pour un léopard, pour deux sangliers dont les défenses ont achevé de croître, ou pour quatre bêtes fauves.

Il s'élève communément de grandes difficultés dans ces chasses. Pour prévenir les désordres, les querelles, on tient, tous les soirs, un conseil auquel préside un officier, appelé le *Dimshasha*, ou le *bonnet rouge*, d'après une pièce d'étoffe rouge qui lui garnit le front, et qui lui laisse le sommet de la tête à découvert ; car personne ne peut se couvrir entièrement la tête, à l'exception du roi, des douze Umbares et des principaux prêtres. Cet officier, parfaitement instruit de l'histoire de toutes les familles, règle la préséance des concurrens, parmi lesquels ceux que leur naissance rapproche le plus du roi régnant, sont toujours considérés comme les plus nobles.

Chacun plaide lui-même sa cause devant le conseil et reçoit soudain son jugement. Il est établi que celui qui porte le premier coup à l'animal, et dont l'arme reste dans la blessure, de la même manière qu'elle a été lancée, est réputé vainqueur, quelque nombre d'assaillans qui viennent après lui. Il n'y a qu'une seule exception à cette règle : c'est lorsque l'animal blessé attaque un homme, ou un cheval, et qu'il est encore en état de le tuer, comme par exemple, lorsqu'un buffle frappe l'un ou l'autre, à coups de cornes ; celui qui alors prévient ou venge la mort de l'homme ou du cheval attaqué, et qui tue la bête, a droit à la récompense.

Les contestations des chasseurs étoient jadis la seule chose dont s'occupât ce tribunal ; mais il avoit étendu plus loin sa juridiction, à l'époque du séjour de M. Bruce en Abyssinie. Les affaires les plus sérieuses y étoient portées ; et sous prétexte d'y régler les prix d'un jeu, on y décidoit de l'exil, de la mort, de l'honneur même des premiers personnages de l'empire. Les parties de chasse dont il vient d'être question, ne durent guères plus de quinze jours.

Le roi ayant vu toute la jeune noblesse s'exercer à l'envi, est dès-lors supposé pouvoir juger des hommes les plus dignes d'occuper des places dans l'armée ; et c'est ordinairement d'après le jugement qu'il porte en cette circonstance, que les prêtres annoncent si son règne sera heureux ou malheureux.

Les hauteurs en Abyssinie sont dépourvues de bois. Le pied des montagnes est cultivé; on y sème toutes sortes de grains ; mais leur sommet est toujours couvert d'herbe et d'une verdure très-variée. Il n'y a que fort peu de plaines entre les montagnes. Ainsi ce pays n'est nullement propre à la chasse, et ne peut ni nourrir, ni abriter un grand nombre d'animaux sauvages.

Mais le pays-bas, désigné sous le nom de Kolla, est chargé de bois et presque désert. Les montagnes n'y forment point de chaînes. Elles sont isolées, environnées d'assez vastes plaines, et accessibles de tous les côtés. De grandes rivières qui se précipitent, avec une violence prodigieuse, pendant les pluies du tropique, entraînent les terres, mettent le roc solide à découvert, et forment ensuite de vastes bassins où l'eau demeure stagnante, quand le cours des torrens est interrompu. Trop profonds pour que l'évaporation les diminue sensiblement, ces bassins sont en outre couverts de grands arbres qui ne se dépouillent jamais de leurs feuilles. Ces arbres dont l'étendue immense et la hauteur des branches surpasse tout ce que l'imagination peut concevoir, sont la pâture des monstrueux habitans de ces forêts, comme l'eau des étangs est leur boisson. La nature les leur a rendus nécessaires; et sans cela, l'éléphant et le rhinocéros périroient de faim et de soif.

Le pays des Shangallas, aussi plane que les déserts qu'il forme, a communément quarante milles de large : mais il s'élargit en divers endroits et se rétrécit en d'autres. Il commence aux montagnes d'Habab, ou de Bagla, formant une chaîne, qui divise la saison des pluies (1) du midi de l'Abyssinie au nord, jusqu'en Egypte, parallèlement avec la mer Rouge. Ce pays s'étend comme une ceinture, de l'orient à l'occident jusques aux bords du Nil; et de la sorte, il entoure toute la partie la plus haute de l'Abyssinie. L'air, dans cette partie haute, est ordinairement tempéré et souvent froid: mais dans le Kolla, il est pesant, mal-sain et d'une chaleur insupportable.

Plusieurs nations nègres vivent

(1) Durant notre hiver d'Europe, c'est-à-dire, depuis le mois d'octobre, jusqu'au mois de mars, l'hiver, ou la saison des pluies se fait sentir sur les côtes de l'océan indien et de la mer Rouge; mais la pluie cessant d'y tomber pendant le reste de l'année, devient au contraire, abondante en Abyssinie.

dans le Kolla. Toutes sont payennes et ennemies mortelles des lois et du gouvernement des Abyssins. La seconde partie de chasse d'un nouveau roi d'Abyssinie est toujours dirigée contre ces malheureux nègres. On choisit pour cette chasse, la saison qui précède les pluies, c'est-à-dire, le moment où le pauvre sauvage prépare, à l'abri d'un arbre, ses chétives provisions pour se retirer dans les cavernes où il passe l'hiver dans une retraite continuelle, il est vrai, mais aussi dans une continuelle sécurité. Toutes ces nations sont Troglodites, et on les appelle Shangallas.

Oustas connut fort bien ceux qui lui convenoient pour l'accompagner à la chasse : mais il ne fut pas aussi heureux dans le choix qu'il fit de ceux qu'il laissoit dans sa capitale. Il s'étoit formé, même avant son départ, une conspiration terrible contre lui. Les chefs du complot étoient précisément ceux qui l'avoient engagé à monter sur le trône, et à qui il confioit d'autant plus volontiers le soin de gouverner en son absence, qu'il les croyoit intéressés à le défendre.

A la première nouvelle de leur trahison, le roi s'étant fait accompagner par un corps de troupes choisies, entra la nuit dans Gondar, et surprit les conspirateurs au moment même qu'ils tenoient conseil. Il fit soudain couper le nez et les oreilles au Ras Hezekias, son premier ministre, à Heraclidès, grand-maître de sa maison, et à cinq autres des principaux auteurs du complot, qui ensuite furent mis en prison, dans un état à ne pouvoir vivre. Bénaïa Basilé, l'un des traîtres, et le plus coupable aux yeux du roi, ayant été instruit du retour de ce prince, trouva moyen de s'évader pour quelque temps.

Oustas eut bientôt rétabli la tranquillité dans Gondar. Comme il se trouvoit en paix avec tous ses voisins, et qu'il vouloit amuser et occuper ses troupes, il alla rejoindre sa jeune noblesse qu'il avoit laissée dans le Kolla, à la chasse des nègres Shangallas.

Ces nègres étoient autrefois un peuple très-nombreux, divisé en plusieurs tribus, ou, comme on dit, en plusieurs nations, dont chacune habitoit un territoire séparé, sous le gouvernement d'un chef de son nom, et chaque famille du même nom, sous un chef particulier.

Pendant la belle saison, les Shangallas n'ont d'autre abri que les arbres. Ils taillent les branches les plus basses, jusqu'auprès du tronc, et jusqu'au haut de l'arbre. Ensuite ils les plient, ou les cassent pour en planter le bout dans la terre. Ils recouvrent ces branches avec des peaux de bêtes sauvages, et ils ôtent bien tous les petits branchages qui sont en dedans. Le tout forme un pavillon spacieux, qui, de loin, a l'air d'une tente. L'arbre élagué, sert de poteau du milieu, et son large sommet ombrage d'une manière très-pittoresque, cette sorte d'habitation.

Ainsi, chaque arbre est une maison où vit un grand nombre de noirs habitans, jusqu'à ce que commencent les pluies du tropique. C'est pendant qu'ils demeurent sous ces arbres, qu'ils font, avec une adresse singulière, la chasse aux éléphans, aux rhinocéros, et aux autres monstrueux animaux de leurs forêts. Les Shangallas, voisins des lieux où il y a beaucoup d'eau, exercent leur courage et leur industrie contre les hyppopotames, très-nombreux dans les lacs et dans les rivières stagnantes.

Dans les endroits où le Kolla a le plus de largeur, où les arbres sont le plus épais et les étangs le plus vastes, on trouve aussi les nations les plus puissantes, celles qui ont vaincu quelquefois les armées Abyssiniennes, et qui dévastent continuellement le Tigré et le Siré, les deux provinces d'Abyssinie, les plus belliqueuses et les plus peuplées.

« Je ne puis terminer ces détails « sur les Shangallas, » dit M. Bruce, « sans les représenter sortant de « leurs cavernes. Cette sortie montre « une chose, dont on n'a peut-être « jamais parlé en Europe, et qui « répand un grand jour sur l'his- « toire de l'antiquité. Le soleil n'a « pas plutôt passé le zénith, en s'a- « vançant vers le sud, que les pluies « cessent. Le voile épais, qui déro-

« boit l'astre du jour, s'éclaircis-
« sant, cet astre brille dans un ciel
« d'un beau bleu, et parsemé de
« nuages diaphanes, qui dispa-
« roissent bientôt, et laissent au
« firmament tout l'éclat de son azur.
« Peu de jours suffisent ensuite pour
« sécher si bien la terre, qu'elle se
« fend par-tout. L'herbe frappée
« jusqu'à la racine par les rayons
« du soleil, se flétrit et se dessèche
« entièrement. Alors les Shangallas
« y mettent le feu, et ce feu par-
« court, avec une violence incroya-
« ble, toute la largeur de l'Afrique.
« Il passe sous les arbres avec tant
« de vélocité, qu'il brûle l'herbe
« sèche et fait tomber les feuilles,
« sans que les arbres périssent. »

On prend des précautions pour

empêcher ce feu d'approcher trop près des habitations, ainsi que des endroits où il y a de l'eau. Rien n'est plus agréable à la vue que ces habitations ombragées : mais celles-ci ont un inconvénient funeste. Trop faciles à distinguer des endroits élevés, elles servent à diriger les pas de l'ennemi. Dès que le pays est à découvert, la chasse commence, et avec la chasse, le danger des Shangallas. Tous les gouvernemens voisins de ces malheureux nègres, depuis le Baharnagash, jusqu'à celui qui commande sur les bords du Nil à l'occident, sont obligés de fournir en tribut au roi d'Abyssinie, un certain nombre d'esclaves.

Dès qu'on surprend un établissement des Shangallas, tous les hommes sont égorgés. On massacre aussi beaucoup de femmes. Plusieurs d'entr'elles se jettent dans des précipices; d'autres deviennent folles; d'autres enfin se pendent, ou se laissent mourir de faim.

Les Shangallas vont toujours nus. Ils ont chacun plusieurs femmes qui sont ordinairement très-fécondes. La grossesse de ces femmes ne les incommode nullement; et, au lieu de rester chez elles, quand elles sont accouchées, elles vont se laver dans de l'eau froide, et laver de même leur enfant.

Les différentes tribus de cette nation n'ont qu'un seul langage dont la prononciation est très-gutturale. Elles adorent divers arbres, les serpens, la lune et les étoiles dans certaines positions. Il y a chez les Shangallas des prêtres, ou plutôt des devins: mais il semble qu'on les regarde bien plus, comme les serviteurs d'un être malfaisant, que comme ceux de l'auteur de tout bien. Ces prêtres ne prédisent que des événemens sinistres; et ils pensent pouvoir rendre malades leurs ennemis, même de fort loin.

Chaque tribu des Shangallas est subdivisée en familles, qui sont, comme on vient de le dire, gouvernées par un chef particulier: mais les chefs de toutes se réunissent pour ce qui a rapport à leurs ennemis communs, les Abyssins et les Arabes. Toutes les fois qu'une nation des Shangallas entreprend une expédition, chaque famille combat ensemble, et le butin qu'elle fait, se partage entre les membres qui la composent, et entr'eux seulement. Aussi les mères, connoissant le désavantage d'avoir une famille bornée, cherchent à l'accroître par tous les moyens qui sont en leur puissance. Le mari est obligé de céder aux sollicitations de sa première épouse, pour en prendre une nouvelle. C'est elle qui va la lui chercher, à-peu-près comme on a vu que le pratiquent les femmes des Gallas.

M. Bruce nous assure que tout ce qu'on a raconté jusqu'à présent des Shangallas et des autres nations nègres, est fort peu digne de foi.

Pour les bien faire connoître, dit-il, il faut les avoir vus dans leurs forêts natales, et dans toute la simplicité de leurs mœurs, vivant du seul produit de leur chasse, ne connoissant pour étancher leur soif, d'autre liqueur que l'eau pure des sources et des étangs. Lorsque par l'esclavage on les a rendus des monstres, on les peint comme tels, et l'on oublie qu'ils sont alors, non ce que la nature, mais ce que l'exemple seul de nos vices les a faits.

Les Shangallas n'ont point de pain : il ne croît dans leur pays ni blé ni légumes. Dès l'enfance, ils deviennent habiles archers. Leurs arcs, faits de fenouil sauvage, sont de la longueur d'environ sept pieds, et très-élastiques. Les enfans se servent d'arcs tout aussi grands que les hommes; aussi sont-ils obligés de les tenir d'une manière horisontale, en attendant que leur taille leur permette de les tenir perpendiculairement. Les flèches ont une aune et demie de long, et sont garnies par le bout d'une pointe de mauvais fer, grossièrement travaillé. Les Shangallas ne se donnent aucun soin pour orner leurs armes. Il ne leur faut, pour faire leurs flèches, que des branches de palmier, arrachées de l'arbre, et dressées. Jamais ils n'y ajoutent d'aîles.

Les fréquentes interruptions qu'Oustas éprouva dans ses parties de chasse, où cependant il avoit d'assez grands succès, furent cause que les moines qui se mêloient de prophéties, lui prédirent un règne court et sanglant. Ils ne s'écartèrent point de la vérité; car, au mois de janvier, 1714, tandis que ce prince suivoit les travaux d'une église, qu'il faisoit bâtir à Gondar, il tomba tout-à-coup malade. Soupçonnant alors du maléfice, ou tout au moins de l'insalubrité dans son palais, il ordonna qu'on brûlât de la poudre dans les appartemens, pour en purifier l'air; et en attendant il fit planter sa tente. Ses domestiques mirent si peu de soin dans l'exécution de ses ordres, qu'en brûlant de la poudre à canon, ils firent sauter le palais, ce qui fut regardé par le peuple, comme un dangereux présage.

Le 27 janvier, on crut que le roi étoit beaucoup plus mal. Les grands de l'état se rendirent auprès de lui, suivant l'usage, pour le consoler et l'encourager. C'étoit là du moins le prétexte de leur visite. Leur vrai motif étoit de s'assurer de l'état du monarque, et de voir s'il étoit temps de prendre des mesures pour retirer de ses mains, les rênes du gouvernement.

Oustas devina d'abord leur intention. Ayant assez bien passé la nuit, il essaya de se lever un moment, de prendre un air de convalescence, et de s'occuper de diverses dépêches, comme dans le temps de sa meilleure santé. Cette résolution

résolution du monarque embarrassa les courtisans. Il sembloit nécessaire d'excuser leur visite : mais les excuses n'étoient pas faciles. A la fin, cependant, ils prirent le parti de dire qu'ayant cru le roi malade, ce qui heureusement n'étoit pas vrai, ils étoient venus lui proposer une chose qui pouvoit lui convenir, quelle que fût sa santé : c'étoit de régler la succession au trône, en faveur de son fils, exilé sur la montagne de Wechné.

Oustas fit les plus grands efforts pour se commander à lui-même, et répondit d'une manière convenable. Mais il étoit déjà hors d'état d'en imposer long-temps. On s'aperçut, malgré lui, de ce qu'il vouloit tant cacher. Pour être même plus sûrs de leur fait, les grands qui étoient venus porter la parole au roi, résolurent de rester auprès de lui jusqu'au soir.

Cependant les soldats qui gardoient le monarque, ayant entendu qu'on lui proposoit d'envoyer chercher son fils, et croyant que ses courtisans parloient sincèrement, en furent indignés, et murmurèrent hautement. Fatigués de voir un sujet occuper le trône, ils soupiroient après l'élévation d'un prince du rang royal. Aussi, dès qu'il fut nuit, ils entrèrent dans Gondar, et rassemblèrent les différens corps de troupes qui composent la maison du roi. Après avoir tenu conseil, ils s'en retournèrent, chacun à leur poste. Rencontrant alors les grands officiers qui sortoient de la tente d'Oustas, et qui, sans doute, avoient pris à leur insçu, la même résolution qu'eux, ils les égorgèrent tous sept.

Ce massacre devint le signal d'une insurrection générale. On mit le feu dans plusieurs quartiers de la ville. La multitude s'avança vers le palais. Les soldats la continrent; et s'étant emparés de la tymballe dont on se sert pour les proclamations, on entendit bientôt ces mots : — « David, fils de notre dernier « roi, Yasous, est notre roi. » — Malgré cela, le tumulte, le désordre continua; et ce qu'il y a de très-remarquable, on ne prononça pas un seul mot injurieux pour Oustas.

A l'instant que David entra dans Gondar, tous les malheurs de l'empire semblèrent effacés. On fit ouvrir toutes les prisons. La joie de voir la famille de Salomon, rétablie sur le trône, écarta toute espèce de terreur, et remplaça la tristesse qu'avoit occasionnée l'usurpation d'Oustas. Enfin David fut couronné, le 30 janvier 1714, au milieu des acclamations et de l'allégresse de tout un peuple.

Cependant Oustas n'avoit point encore fermé les yeux. Il étoit malade; il étoit toujours roi; et ce qu'il y a d'étonnant, c'est que David avoit déja été couronné à Gondar depuis neuf jours, sans qu'on eût fait le moindre outrage à l'usurpateur, et sans que ses amis

eussent songé à l'éloigner de la capitale. Ce ne fut que le 6 février que David envoya quelques officiers, pour l'interroger juridiquement, sur son droit au trône. Oustas, déja accablé par sa maladie et prêt à mourir, répondit sans équivoque : « Dites au roi David, qu'il
« est vrai que je me suis fait moi-
« même roi, autant qu'on peut l'être,
« quand on ne descend point du
« sang royal : car je ne suis qu'un
« particulier, fils d'un sujet, le
« Kasmati-Delba Yasous. Tout ce
« que je demande au roi, c'est de
« m'accorder un peu de temps, et
« de me laisser mourir de maladie,
« sans me faire périr par les sup-
« plices. »

Quatre jours après cet interrogatoire, Oustas expira : mais on ignore si sa mort fut naturelle ou violente. On lui rendit tous les honneurs dûs à un sujet du premier rang, qui ne se seroit souillé d'aucun crime. Cette considération porte M. Bruce à penser qu'Oustas mourut naturellement.

La postérité lui a conservé une place dans la liste des rois; et la tradition plus fidèle encore que l'histoire, le compte parmi les meilleurs de ceux qui ont régné sur l'Abyssinie.

DAVID IV.

De 1714 à 1719.

A son avénement au trône, David choisit le fit Auraris Agné, frère d'Ozoro Kédousté, pour son Betwudet, et Abra Ezekias, pour grand-maître de sa maison. Mais tandis qu'il continuoit à nommer à divers emplois dans le gouvernement, il fut interrompu par les clameurs d'une multitude de moines, qui demandoient une convocation du clergé. David avoit de la répugnance à les satisfaire; et cependant il crut ne pas devoir les refuser. Ce prince, élevé par sa mère dans les principes des moines de Saint Eustathius, les ennemis les plus déclarés de la communion romaine, étoit singulièrement attaché à l'église d'Alexandrie. Le clergé s'étant plaint à lui de ce que trois prêtres catholiques, avec un interprète abyssin, étoient établis depuis plusieurs années dans le Wolkayt, sous la protection d'Oustas, David les fit arrêter.

Les missionnaires furent conduits devant le plus inique et le plus barbare des tribunaux. La première question qui leur fut adressée, étoit conçue en ces termes : « Recevez-vous, ou ne recevez-vous « pas, le concile de Chalcédoine, « comme une règle de foi; et croyez-« vous que le pape Léon l'a présidé « et dirigé régulièrement et légiti-« mement ? » — Ils répondirent : « Qu'ils regardoient le concile de

« Chalcédoine, comme le quatrième
« concile général, et qu'ils rece-
« voient ses décisions comme des
« principes de foi; qu'ils croyoient
« que le pape Léon l'avoit présidé
« et dirigé régulièrement et légitime-
« ment, comme chef de l'église catho-
« lique, successeur de Saint-Pierre,
« et vicaire du Christ sur la terre. »

A cette réponse, un cri général s'éleva avec fureur, du milieu de l'assemblée, et l'on n'entendit que ces mots terribles : « Qu'ils soient
« lapidés! quiconque ne leur jettera
« pas trois pierres, sera maudit
« et ennemi de la Vierge Marie. »
Et soudain cette sentence cruelle fut exécutée.

Un seul prêtre, homme distingué par son savoir et par sa piété, et l'un des chefs de l'assemblée, déclara, avec véhémence, que les missionnaires étoient jugés irrégulièrement et injustement. Ces malheureux restèrent en proie à la fureur de leurs ennemis. On leur mit une corde au cou, et on les traîna sur une place, où, conformément à leur jugement, ils furent lapidés. Ils reçurent la mort avec une résignation égale à celle des premiers martyrs. M. Bruce a vu les tas de pierres sous lesquels ils furent ensevelis; mais ce qui diminue infiniment les regrets que doit causer une mort si terrible, c'est que ceux qui la souffrirent, furent violemment soupçonnés d'être les instigateurs de l'assassinat de M. du Roule.

Un malheureux enfant de six ans, périt à côté de ces trois missionnaires, de l'un desquels, dit-on, il étoit fils. Près des trois piles de pierres qui couvrent les premières, M. Bruce en vit une quatrième plus petite, et sous laquelle fut enseveli cet enfant. On avoit coutume d'offrir des femmes aux missionnaires qui entroient furtivement en Abyssinie. C'étoit un moyen d'éprouver s'ils étoient effectivement prêtres, parce qu'on sait que les prêtres catholiques ne peuvent se marier. M. Bruce pense donc, que l'un des trois qui furent lapidés, trahit son vœu de chasteté, et que l'enfant immolé avec lui, fut un des fruits de ses précautions. C'est là vraisemblablement, ajoute notre voyageur, la raison pour laquelle les auteurs catholiques de ce temps-là, ont laissé les vertus de ces prêtres dans l'oubli, au lieu de les rappeler ainsi que leurs foiblesses.

Quant à l'abba Grégorius, qui avoit servi d'interprête aux missionnaires, David, considérant que ce prêtre abyssin n'avoit fait qu'accomplir les ordres d'Oustas, alors son souverain, ne voulut point permettre qu'on le punît, et il le renvoya dans sa province.

David, dans ses débats avec le clergé, ayant fait massacrer beaucoup de prêtres, excita un mécontentement général. On ne parloit de tous côtés, que de conspirations contre lui; et bientôt, on en vit éclater les effets. Le roi fut malade. Ses courtisans

courtisans essayèrent de lui persuader que sa maladie ne venoit que des suites d'une chute de cheval, qu'il avoit faite quelque temps auparavant. Mais dans un conseil tenu le 9 mars 1719, il fut prouvé que le Kasmati Laté, et le Ras Georgis, s'étoient servi de Koutcho, chargé de la garde du palais, pour faire présenter au roi un poison violent que ce prince reçut des mains d'un mahométan. Georgis, mandé sur le champ, nia foiblement le fait. On lui arracha les yeux, après qu'on eut coupé par morceaux, devant lui, son fils unique. Koutcho et le mahométan furent taillés en pièces; et l'on jeta aux chiens leurs restes sanglans. Le roi mourut le même jour, dans les tourmens les plus affreux.

BACOUFFA.

De 1719 à 1729.

David avoit à peine rendu le dernier soupir, que la tymballe retentit, et l'on fit soudain cette proclamation, selon la forme accoutumée: «Bacouffa, fils de Yasous, « est notre roi. Pleurez le roi qui « vient de mourir, et réjouissez- « vous avec celui qui est vivant!» Les acclamations du peuple répondirent à celles des soldats, et l'on entendit, de tous côtés, répéter le nom de Bacouffa. Des officiers partirent ensuite à la tête d'un bon corps de troupes, pour aller chercher le roi à Wechné.

Sous le règne de son père, c'est-à-dire, sous le dernier règne, le nouveau monarque, s'étoit échappé de la montagne, et s'étoit retiré pendant quelque temps chez les Gallas qui lui donnèrent ce nom de *Bacouffa*, qui signifie l'inexorable. Il porta deux autres noms, celui d'*Atzham Georgis*, qui étoit son nom de baptême et celui d'*Atbar Segued*, qu'il avoit pris à son avénement au trône, et qui veut dire : «Respecté des villes et des endroits « habités dans la campagne. »

Les rois d'Abyssinie ont toujours auprès d'eux, un officier chargé d'écrire leur histoire. C'est le même qui est dépositaire des sceaux. Il faut qu'il tienne un registre journalier de toutes les actions du monarque, bonnes ou mauvaises, sans y ajouter le moindre commentaire. Quand le roi meurt, ce journal est porté au conseil. On le lit; on efface tout ce qu'il peut contenir de faux, et l'on y ajoute les principaux faits, qui ont été omis volontairement, ou par oubli. L'emploi d'historiographe eût été bien dangereux sous le règne de Bacouffa. Personne ne s'en chargea; et depuis on a également craint de remplir ce vide, parce qu'on croit généralement en Abyssinie que ce prince est encore vivant, (1) et qu'il reparoîtra avec toute sa sévérité. En conséquence, on n'a rien d'authentique sur son règne. Son histoire est bornée à quelques anecdotes dont quelques-unes sont très-bizarres.

(1) C'est-à-dire, sans doute, à l'époque à laquelle écrivoit M. Bruce.

Bacouffa, ainsi que tous les Abyssins, aimoit singulièrement les divinations, l'explication des rêves, les prophéties. Son séjour parmi les Gallas avoit extrêmement fortifié ce penchant. Un jour, se promenant seul, il aperçut un prêtre qui observoit très-attentivement l'effet que de petits morceaux de paille qu'il coupoit, faisoient sur un étang, dans lequel couloit un foible ruisseau. D'après la combinaison des lettres, ou des figures que forment ces pailles en tombant au hasard, on peut, si l'on en croit les gens superstitieux, savoir d'une manière infaillible, tout ce qu'on veut.

Déguisé en pauvre, Bacouffa demanda, dit-on, au prêtre ce qu'il cherchoit. Le prêtre lui répondit qu'il essayoit de connoître si le roi auroit un fils, ou bien qui est-ce qui monteroit sur le trône après lui. Alors le prince attendit tranquillement la fin de l'expérience. Le résultat fut qu'il auroit un fils, mais que ce fils ne règneroit pas, et que le royaume seroit, après la mort du monarque, gouverné, pendant trente ans, par Welleta Georgis, qui ne seroit ni son fils, ni l'un de ses descendans. Bacouffa conserva le souvenir de cette prédiction, mais sans en rien dire à personne. En conséquence il résolut d'exterminer quiconque porteroit le nom de Welleta Georgis, et auroit le malheur d'avoir quelques prétentions à la couronne. Plusieurs personnes furent bientôt punies d'un crime qu'elles ignoroient. Onze princes, quelques-uns disent même davantage, perdirent la vie sur la montagne de Wechné, sans avoir tramé aucun complot, sans se douter même de quoi on les accusoit, et seulement pour avoir porté un nom très-commun en Abyssinie. La terreur alors s'empara de tous les Abyssins. Ils se soumirent, sans oser former la moindre résistance ; ce qui prouve que Bacouffa étoit parvenu à dissiper toutes les idées de conspiration, et à éteindre ce dangereux esprit de révolte, qui avoit fait des progrès si funestes, sous les règnes précédens.

Les rois d'Abyssinie ont une coutume d'après laquelle, dans les intervalles de paix, ils disparoissent pour quelque temps, sans en avertir leur cour. Quelquefois, à la vérité, deux ou trois confidens, sous prétexte de vaquer à leurs affaires particulières, suivent le monarque, et veillent à sa sureté, tandis que déguisé, tantôt d'une manière, tantôt d'une autre, il va dans la province qu'il a dessein de visiter. Dans un de ses voyages secrets, Bacouffa feignit d'être attaqué de la fièvre, ou le fut réellement. Il étoit alors dans le Kouara, et dans un pauvre village, habité par les domestiques d'un homme de distinction, qui avoit fait bâtir sa maison sur le sommet d'une montagne voisine, où l'on respiroit un air pur. Cet homme hospitalier, apprenant qu'un étranger étoit malade dans son village, accourut soudain vers lui, le fit transporter dans sa propre maison, et lui prodigua les attentions les plus-charitables. La fille de cet hôte généreux partagea les soins de son père; et tandis que l'étranger recouvroit la santé, les charmes de cette jeune et belle personne firent la plus profonde impression sur lui.

Outre cette fille, nommée *Berhan Magass*, c'est-à-dire, la gloire de la grace, l'homme qui avoit reçu Bacouffa, étoit père de cinq garçons, tous à la fleur de leur âge. Berhan Magass, extrêmement belle, bonne, douce et douée d'une prudence et d'un esprit au-dessus de son âge, étoit non-seulement l'idole de sa famille, mais encore de tout le voisinage.

Bacouffa ne fut pas plutôt convalescent, qu'il s'empressa de regagner son palais. Il y arriva, la nuit, très-secrettement, et dès le lendemain matin, il parut, assis sur son trône, et rendant la justice, ainsi que le monarque d'Abyssinie a coutume de le faire.

Alors un envoyé du roi eut ordre de se rendre dans le Kouara, avec des gardes et des domestiques; et il en ramena Berhan Magass, qui, toute étonnée de se voir arracher de la maison de son père, fut conduite devant le roi, et mariée à ce prince, sans qu'il voulût lui accorder le moindre délai. Cette reine obtint et mérita la confiance de son époux; mais malgré cela, Bacouffa ne se piquoit pas plus de constance envers une femme, que le reste de ses prédécesseurs. Il avoit plusieurs maîtresses, et se conduisoit avec elles d'une manière assez étrange. Jamais il n'en admettoit aucune dans son lit, qu'elle ne fût prise de vin, au point de ne pouvoir se souvenir de rien de ce qu'il lui diroit. La reine étoit exceptée de cette règle.

Après avoir fait couronner cette princesse, et l'avoir déclarée Iteghé, Bacouffa feignit une maladie. Plusieurs jours se passèrent, sans espoir de rétablissement; et enfin, on répandit, dans Gondar, la nouvelle de sa mort. La joie y fut si grande et si universelle, que personne ne songea à la dissimuler. Tout le monde se réjouit d'être délivré d'une crainte insupportable. Plusieurs princes s'échappèrent de la montagne de Wechné, chacun d'eux, dans l'espoir d'être choisi pour roi. Quelques-uns étoient favorisés des grands, qui se croyoient assez puissans pour déterminer l'élection. De plus, on avoit déja fixé le jour des funérailles de Bacouffa, quand ce monarque parut, ce même jour, de grand matin, assis sur son trône, et rendant la justice à son ordinaire, avec l'iteghé et son fils Yasous, placés sur un siége au-dessous de lui.

Il n'y eut moyen d'accuser personne. Tous les courtisans, tous ceux

ceux que des affaires avoient appelés au pied du trône, s'enfuirent soudain et répandirent la terreur dans Gondar. Tous les habitans, sans exception, s'abandonnèrent au désespoir, car tous s'étoient réjouis; et de moindres crimes avoient été souvent punis de mort. Enfin, il est difficile de dire quelles suites auroient eues les alarmes du peuple, si le roi n'avoit pas pris la résolution soudaine de faire proclamer un pardon général, à la porte du palais.

Deux tymballes très-grosses sont placées devant le palais du roi, de chaque côté de la porte. L'une est appelée le lion, et l'autre l'agneau. Le lion sert à annoncer la guerre, les conspirations, les révoltes et tous les ordres sévères. L'agneau n'est, au contraire, employé que dans des momens de douceur et de bienfaisance, quand il s'agit de quelques dons de la couronne, d'amnisties générales, ou de pardons particuliers. Les habitans de Gondar étoient dans l'attente de quelque proclamation sanguinaire, lorsqu'à leur grande surprise, ils entendirent l'agneau, organe certain de la paix et de la clémence. Au même instant, on cria, de la part du roi, qu'il étoit ordonné aux citoyens, de quelque rang qu'ils fussent, de quitter leurs maisons, la parole du roi leur répondant de leur sûreté ; parce qu'il falloit que tous les principaux habitans, sous peine de rebellion, se rendissent immédiatement, au palais, dans une grande place qu'on appelle l'*Ashoa*.

Là, le roi parut vêtu de blanc, en signe de paix. Il avoit la tête nue et le visage entièrement découvert. Il étoit paré, oint, parfumé. S'étant avancé sur le devant d'une galerie élevée d'environ dix pieds, il harangua d'une manière très-gracieuse, mais en même temps avec beaucoup de fermeté, tous ceux qui se trouvoient sur la place. Il leur rappela, « qu'ils avoient eu
« l'imprudence d'élever au trône
« d'Abyssinie, Oustas, qui n'étoit
« pas même de la famille de Salo-
« mon; qu'ils avoient excité Tecla
« Haimanout à assassiner son père,
« le grand Yasous; qu'ensuite ils
« avoient donné la mort à Tecla

« Haimanout lui-même, et récem-
« ment encore à David, un autre
« de ses frères et son prédécesseur
« immédiat ; qu'il avoit justement
« puni les principaux auteurs de
« ces crimes, parce que son de-
« voir l'exigeoit, et que de si grands
« attentats n'avoient pu être lavés
« que par des flots de sang : mais
« que sachant enfin que l'ordre
« étoit rétabli, et qu'il ne restoit
« plus de conspiration à craindre,
« il avoit feint de mourir pour
« annoncer qu'il n'y avoit plus
« de Bacouffa, (1) et qu'on ne
« devoit plus redouter sa ven-
« geance; qu'il ressuscitoit avec le
« nom d'Atzham Georgis, fils

(1) Ce nom, comme on vient de le voir, signifie l'*inexorable*.

« de Yasous le grand; et qu'il vou-
« loit que son peuple se réjouît de
« l'avénement d'un nouveau roi,
« qui ne régneroit qu'avec équité,
« et dont on n'auroit rien à crain-
« dre, tant qu'on respecteroit le
« roi que Dieu couronnoit. »

Ce discours fut suivi des cris universels de « vive Bacouffa ! vive « Atzham Georgis ! » On savoit que ce prince ne manquoit jamais à sa parole, et qu'on pouvoit compter sur sa foi. Ainsi chacun se retira aussi tranquillement chez soi, que s'il n'y avoit plus le moindre trouble à craindre. Le roi ne tarda pas à donner une preuve de son exactitude à tenir sa promesse : car on lui envoya bientôt son frère Hannès, qui avoit été tiré secrettement de Wechné par le Kasmati Georgis, homme très-puissant, mais qui fut arrêté avec son protégé. La suite ordinaire de ces sortes d'attentats étoit une mort prompte. Bacouffa eût pu la faire donner aux deux rebelles, sans causer aucun désordre, sans paroître même manquer à sa parole : mais il pensa différemment. Il ordonna aux principaux juges d'aller au-devant des prisonniers que l'on conduisoit à Gondar, de les ramener au pied de la montagne de Wechné et de leur faire leur procès dans ce lieu, afin que sa présence ne pût influer en rien sur leur jugement. Les deux coupables furent condamnés, Haunès, à avoir le poing coupé, et le Kasmati Georgis à être envoyé au gouverneur du Walkayt, qui reçut en même temps l'ordre secret de lui faire donner la mort. L'arrêt fut exécuté dans toute son étendue : mais Hannès guérit si bien, que depuis on l'a vu occuper le trône d'Abyssinie, quoique les lois de l'état proscrivent un prince mutilé.

On raconte que Bacouffa ne changea si promptement de conduite, que par rapport à ce qui lui arriva dans une de ses absences. Il voyageoit secrettement dans le Bégemder. Mal vêtu, et excessivement fatigué de sa marche et de la chaleur du jour, le roi arriva chez un particulier qui n'étoit pas riche, mais que son honnêteté, sa douceur, sa bienfaisance, rendoient cher à tout le canton. Cet homme déja appesanti par l'âge, avoit un fils, jeune et plein de vigueur, qui, à l'arrivée de l'étranger, lavoit lui-même dans un étang, sa tunique de coton, selon l'usage de tous les jeunes Abyssins.

Bacouffa s'assit d'abord à l'ombre d'un arbre. Là, d'une voix foible et avec un accent étranger, il dit au jeune homme : « Faites-« moi le plaisir de laver ma tunique, « lorsque vous aurez achevé de la-« ver la vôtre. » Le jeune homme y consentit volontiers, et laissant de côté ses propres vêtemens, il se mit à laver ceux de l'étranger, avec la plus grande attention. Pendant ce temps-là, Bacouffa lui demanda ce qu'il pensoit du roi ?

L'Abyssin lui dit qu'il n'avoit point d'opinion à cet égard; et bientôt il cessa de répondre, quoique Bacouffa continuât ses questions. Enfin impatienté, il jeta à celui-ci sa tunique encore toute trempée, en lui disant : « Quand vous m'a-
« vez prié de laver votre tunique,
« je croyois pouvoir faire une action
« charitable et rendre service à
« quelque pauvre Galla, accablé
« de lassitude et mourant de faim.
« Mais je m'aperçois que vous êtes
« un instructeur de rois et de no-
« bles, un général d'armée, un lé-
« gislateur. Reprenez donc votre
« tunique, et lavez-la vous-même;
« car tel est l'ordre de la Provi-
« dence. C'est le parti le plus sûr :
« vous perdrez moins de temps à

« censurer vos supérieurs, ce qui « ne convient nullement à un homme « tel que vous. »

Le roi reçut sa tunique et les reproches qui l'accompagnoient, sans répondre un seul mot : mais de retour à Gondar, il envoya chercher le jeune homme, et l'éleva aux premiers emplois. Cet Abyssin mérita toute la confiance du roi, qui l'instruisit enfin, ainsi que la reine, de ses inquiétudes sur Welleta Georgis. Le Badjerund Waragna (c'est ainsi que se nommoit l'Abyssin), dit modestement que c'étoit peut-être une invention du démon pour perdre le monarque.

Cependant l'Iteghé qui avoit gardé un profond silence, pria le roi de lui répéter tout ce qui avoit rapport à la prédiction; et ce prince l'ayant satisfaite, elle lui répondit, en riant : « Welleta Georgis est « peut-être plus près de nous que « nous ne le croyons; peut-être même « est-elle dans le palais. » — « Dans « le palais ! » s'écria le roi avec « émotion. — « Je le crois, » répondit la reine, « car c'est moi-même, « moi votre femme, qui suis Wel- « leta Georgis; c'est le nom que j'ai « reçu au baptême. S'il y a une mi- « norité dans la personne de votre « fils, ou de votre petit-fils, je « serai, conformément à vos inten- « tions, régente du royaume, puis- « que vous m'avez vous-même cou- « ronnée et élevée au rang d'I- « teghé. »

On ignore si le roi fut bien convaincu de la vérité de ce discours ; mais dès ce moment, il cessa de chercher Welleta Georgis. « La « reine elle-même, » dit M. Bruce, « m'a souvent raconté ce fait, ainsi « que beaucoup d'autres de ce singu- « lier règne. » La prophétie qui la concernoit fut accomplie ; car elle conserva trente ans la régence.

Bacouffa mourut après avoir régné avec beaucoup de sévérité. La reine eut la prudence de taire le jour où il expira ; et d'après l'exemple qu'on avoit eu auparavant, personne ne se hâta de croire qu'il fût réellement mort. Tout le monde au contraire se tenoit en garde contre une nouvelle résurrection. Mais pendant ce temps-là, l'Iteghé fit revenir ses frères du Kouara,

Kouara, et elle affermit la couronne sur sa tête et sur celle de son fils. Bacouffa étoit mort depuis long-temps, que des gens accrédités disoient encore l'avoir vu vivant, en différens endroits; mais il est vraisemblable que ces rapports étoient dictés par la régente.

YASOUS II, ou ADIAM SEGUED.

De 1729 à 1753.

Ce prince règnoit depuis sept ans qui avoient été agités par les troubles les plus grands, (1) lorsqu'il fit annoncer une chasse générale,

(1) Un faux Bacouffa se présenta. Il prétendoit avoir fait courir le bruit

signe qu'il approchoit de sa majorité; mais parti pour cette chasse, il ne la suivit pas long-temps, et il reprit bientôt le chemin de Gondar.

Le 23 décembre suivant, Yasous se mit en route de nouveau pour la chasse. Il tua deux éléphans et un rhinoceros. Cette partie de plaisir

de sa mort, par des raisons de politique, et il redemandoit son trône. Jamais résurrection ne fut aussi peu desirée. Le nom seul de Bacouffa répandit la terreur. Le soi-disant roi fut aisément pris. On le condamna à perdre la vie ; mais on commua la peine. Après lui avoir fait couper une jambe, on l'envoya à la montagne de Wechné. Mais l'opération terrible que subit cet imposteur est toujours mortelle, par la mal-adresse avec laquelle elle se fait.

étant terminée, le roi s'avança jusqu'à Tchelga et Waldubba, où il vit la rivière de Gordera et celle de Shimfa.

Yasous s'essaya dans cette chasse, à un exercice très-pénible. Il força une giraffe. L'animal de cette espèce est le plus grand que l'on connoisse. La peau de la giraffe est tigrée et très-belle, lorsque l'animal est jeune, mais quand il devient vieux, sa couleur brunit beaucoup.

L'année 1736, il y eut une éclipse de soleil qui effraya infiniment les foibles et superstitieux Abyssins. Alors, tous les rêveurs, les prophètes, remplis de cet esprit de mensonge dont ils sont toujours possédés, purent à leur gré prédire la mort du roi, la chute de l'empire et des déluges de sang, prêts à inonder la capitale et les provinces. Rien ne sembloit, à la vérité, plus propre à garantir ces prédictions, et à devenir fatal au royaume, que les sommes considérables que le roi s'étoit mis dans le cas de dépenser, et qu'il étoit obligé de tirer de ses sujets.

Yasous venoit de bâtir à Koscam une église qui lui avoit infiniment coûté. Il faisoit relever le palais de Gondar qui devoit lui coûter davantage. Non-content de cet édifice, il rétablissoit sa maison de Riggobée-Bet, (1) détruite par les

(1) Riggobée-Bet signifie l'extrémité nord de la ville.

rebelles, et il avoit commencé une autre maison de campagne, avec de grands jardins, des bosquets d'orangers et de cèdres, à Azazo, sur le bord d'une belle rivière.

Il y avoit eu une révolte, un massacre, ou quelque autre événement désastreux, parmi les chrétiens grecs de Smyrne, qui, s'enfuyant alors au Caire, et trouvant cette ville plongée dans des dissentions aussi funestes, gagnèrent Jidda, dans l'intention de se rendre aux Indes. Mais ils manquèrent la mousson favorable; et dépourvus d'argent, ils traversèrent la mer Rouge, passèrent à Masuah, et vinrent à Gondar. Deux d'entre eux étoient orfévres; ils excelloient sur-tout dans l'art de travailler les métaux en filigrane, et ils furent accueillis très-favorablement par le roi. Ce prince les employa à orner son palais, de la manière la plus somptueuse et la plus brillante que leur goût pût imaginer.

Ces artistes et plusieurs jeunes Abyssins qu'ils instruisirent, décorèrent la salle d'audience avec un art admirable. Les lambris qui, en Europe, sont ordinairement en bois, étoient sculptés en ivoire, à quatre pieds au-dessus du parquet, et surmontés de trois rangs de glaces de Venise, jointes ensemble, et soutenues en haut par une corniche, ou plutôt par des baguettes de cuivre, superbement dorées. La beauté du plafond répondoit à la magnificence du reste de l'appartement. C'étoit l'ouvrage des Falashas. Il consistoit en roseaux fendus, peints, et disposés en figures mosaïques, dont l'effet est infiniment plus agréable, qu'on ne peut le concevoir. Malheureusement cette chambre ne put être achevée, parce que l'on manqua de glaces, et que le roi mourut trop tôt. Depuis, le goût des arts tomba en décadence, et les artistes furent négligés, ou employés seulement à orner des selles, des brides, des épées, et d'autres parures guerrières, pour lesquelles encore on les payoit fort mal.

Yasous avoit commencé à faire construire un autre appartement, non moins beau que sa salle d'audience. Cet appartement devoit être revêtu de plaques d'ivoire avec des étoiles des plus brillantes couleurs, semées de distance en distance.

Enchanté de ses artistes et de ses différens ouvrages, Yasous s'y livra tout entier. Il travailloit de ses propres mains. Rien ne le flattoit autant que de voir, qu'il pouvoit, par le moyen d'un compas et de quelques lignes droites, produire une étoile égale à celles de ses grecs. Sa bienveillance pour ces artistes fut portée au comble. Les meilleurs villages, ceux sur-tout qui étoient dans les environs de Gondar leur furent accordés, afin qu'ils pussent s'amuser, sans perdre de temps. Enfin, le roi, par rapport à eux, renonça à sa passion pour la chasse.

Cependant ce goût exclusif du prince pour les beaux arts, devint bientôt l'objet de la censure publique. Des diatribes coururent dans Gondar. Le monarque en fut piqué, et voulut prouver qu'il ne manquoit ni d'activité, ni d'ambition; en conséquence, il fit la guerre à son voisin le roi de Sennaar.

La vingt-quatrième année de son règne, Yasous tomba malade, et il mourut fort peu de temps après, le 21 juin 1753. Comme il étoit encore jeune et d'une forte constitution, on crut qu'il avoit été empoisonné par quelques parens de la reine, qui desiroient une seconde minorité, plutôt que de continuer à servir sous un roi, dont toutes les actions montroient qu'il ne vouloit point se laisser gouverner, et sur-tout par eux.

Yasous fut marié fort jeune à une femme d'une famille noble de la province d'Amhara, et il en eut deux fils, nommés Adigo et Aylo. Mais la reine mère, Welleta Georgis, fut tellement blessée de ce que cette femme vouloit prendre quelque part au gouvernement, qu'elle engagea le roi à exiler sur la montagne de Wechné, et son épouse et ses deux enfans.

Pour se mettre désormais à l'abri de toute rivalité, l'Iteghé eut recours à un moyen qu'on n'avoit point encore vu employer en Abyssinie. Elle fit épouser au roi son fils, une femme de la race des Gallas. Cette femme se nommoit Wobit. Elle étoit fille d'Amitzo, Galla qui avoit accueilli amicalement Bacouffa, lorsque jeune encore ce prince s'étoit échappé de sa prison. Wobit fut conduite à Gondar. On la baptisa sous le nom de Bethsabée, et elle eut de Yasous un fils qui succéda à son père.

JOAS.

De 1753 à 1768.

Dès qu'on apprit la mort de Yasous, tous les anciens officiers de la couronne se rappelant le tumulte et les troubles qui avoient désolé Gondar à l'avénement de ce prince, accoururent du fond de leur gouvernement, conduisant chacun une petite armée bien disciplinée et suffisante pour renforcer le parti du Ras Welled de l'Oul, qu'ils regardoient tous comme le père de la patrie.

Le premier qui parut dans la capitale fut le Kasmati Waragna, gouverneur du Damot, puis vint Ayto gouverneur du Begemder, et bientôt après Michaël Souhoul, gouverneur du Tigré. Ces trois généraux entrèrent dans le palais, à la suite de Welled de l'Oul, et reçurent des mains de l'Iteghé, le jeune Joas qu'ils firent proclamer roi, avec les formalités accoutumées, et sans la moindre résistance.

Ce prince favorisa les Gallas de sa famille et les introduisit à la cour, ce qui occasionna de grands troubles

bles, à la suite desquels il fut assassiné dans son palais.

HANNES II.

1769.

Hannès, âgé de plus de soixante et dix ans, quand il fut appelé au trône, fit son entrée dans Gondar, le 3 mai 1769. Nous avons déja dit qu'il étoit frère de Bacouffa ; et que, sous le règne de ce prince, s'étant enfui de la montagne, il fut repris, et eut le poing coupé.

Nous avons aussi observé qu'il existe en Abyssinie une loi d'après laquelle un homme mutilé, de quelque manière que ce soit, ne peut être roi. Cette loi, tirée de Moïse, s'applique aussi à ceux qui veulent être prêtres. Hannès, privé d'une main, devoit être exclus du trône, et c'est pour cela qu'on la lui avoit jadis coupée. Mais lorsque dans le conseil, on fit cette objection à Michaël, il éclata de rire, en disant : « Et qu'est-ce qu'un roi a besoin de « faire avec ses mains ? Craignez-« vous qu'il ne puisse pas lui-même « seller sa mule, ou charger son « bagage ? n'en soyez pas inquiet. « Quand il sera dans cet embarras, « il n'aura qu'à m'appeler et je l'ai-« derai. » Ce qui rendoit la plaisanterie plus piquante, c'est que Michaël étoit plus âgé qu'Hannès, et qu'il ne pouvoit se tenir debout tout seul, à cause d'une blessure qu'il avoit reçue à la cuisse.

Hannès étoit non-seulement fort vieux, mais d'une constitution très-délicate. N'ayant jamais conversé qu'avec des prêtres et des moines, son esprit étoit encore plus affoibli que son corps. On ne put le résoudre à prendre part au gouvernement. Il passoit toutes ses journées à réciter des prières et à chanter des pseaumes. Mais heureusement que Michaël avoit fait descendre avec lui de la montagne, deux de ses fils, Tecla Haimanout, âgé de quinze ans, et George qui en avoit treize.

Hannès étoit d'un âge à n'avoir besoin que d'une Sunamite ; et Welleta Selassé, jeune et belle personne, petite-fille de Michaël, fut sacrifiée à un roi caduc, pour satisfaire l'ambition de son grand-père. Elle épousa Hannès, mais le mariage ne fut point consommé; elle ne fut épouse et reine que de nom. L'amour n'avoit pas plus de prise que l'ambition sur le cœur glacé du monarque ; et ces deux objets si séduisans, une belle femme et une couronne, ne purent l'engager à combattre pour les défendre. Michaël fit tout ce qu'il fut possible de faire, pour vaincre la répugnance et les terreurs du monarque. Ce fut en vain. Hannès pleura, se cacha, se mit en prières, demanda de retourner à Wechné, et refusa absolument de marcher à la tête de son armée.

Cependant Michaël qui avoit déja senti le danger de laisser un roi derrière lui, tandis qu'il seroit en campagne, et qui vit qu'Hannès ne vouloit point sortir de Gondar, eut recours au poison qu'on mêla dans le déjeûner de ce prince.

TECLA HAIMANOUT II.
1769.

Tecla Haimanout succéda à son père. C'étoit un prince de la plus aimable figure. Il étoit svelte et fort grand pour son âge. Ainsi que tous les princes nés sur la montagne de Wechné, il avoit le teint beaucoup plus clair que le reste des Abyssins, c'est-à-dire, moins brun que les Napolitains et les Portugais. Son front étoit extrêmement beau. Ses yeux grands et noirs, sembloient un peu trop fiers. Il avoit le nez grand et bien fait, la bouche petite, et les lèvres minces, les dents très-blanches, et les cheveux fort longs. Tous ses traits auroient été remarquables en Europe. Quoique Tecla Haimanout n'eût quitté sa montagne natale que depuis quelques mois, il avoit déja l'air et les manières nobles d'un prince élevé auprès du trône. Son esprit répondoit à tant d'avantages et surpassoit ce qu'on devoit attendre de son âge. On disoit qu'il étoit naturellement très-vif; mais il savoit si bien se modérer, qu'il ne s'emportoit jamais en public. Enfin il entra facilement dans toutes les vues de Michaël; et il ne montra pas moins d'envie de marcher contre les ennemis, que son père n'avoit montré de répugnance.

Depuis l'avénement d'Hanniès au trône, Tecla Haimanout n'avoit donné à Michaël que le nom de père ; et le Ras ayant été malade, ce prince s'étoit tenu auprès de lui, et lui avoit prodigué les soins d'un véritable fils.

M. Bruce entra en Abyssinie précisément à l'instant où l'on commençoit à parler de la mort d'Hanniès. Il avoit une commission de Metical Aga, pour servir de médecin à ce prince.

VOYAGE AUX SOURCES DU NIL.

LIVRE CINQUIÈME.

Route de Masuah à Gondar. Détail de ce qui arrive à M. Bruce dans cette capitale. Mœurs et coutumes des Abyssins.

Masuah, dont le nom signifie le Hâvre des Pasteurs, est une petite île, située très-près de la côte d'Abyssinie. Cette île offre un port où les plus grands vaisseaux trouvent un mouillage sûr et profond jusqu'au bord de la plage. Le vent, de quelque côté qu'il souffle, et quelque force qu'il ait, ne peut jamais les incommoder. L'île n'a que trois quarts de mille de long, et environ un demi-mille de large. Un tiers est occupé par les maisons, un autre tiers par les citernes, où l'on recueille l'eau de la pluie, et le dernier sert de cimetière.

L'île de Masuah fut très-fréquentée autrefois : mais elle tomba bientôt dans l'oubli, sous l'oppression des Turcs, qui achevèrent d'anéantir, dans la mer Rouge, le commerce de l'Inde, auquel la découverte d'un passage par le Cap de Bonne-Espérance, et les établissemens des Portugais dans l'Orient, avoient déja porté le coup le plus funeste. Cette île est gouvernée maintenant par un souverain particulier, appelé le Naïb, quoique pour sauver les apparences, il semble ne la posséder qu'en vertu d'un firman du Grand-Seigneur, et moyennant un tribut annuel.

Le 19 septembre 1769, M. Bruce arriva à Masuah, très-fatigué de la mer, et impatient de se rendre à terre : mais, comme c'étoit le soir, il jugea plus convenable de passer encore cette nuit à bord, afin d'avoir tout le lendemain pour vaquer à ses affaires. D'ailleurs, il vouloit, avant de débarquer, avoir quelques nouvelles de plusieurs amis qui n'auroient peut-être pas osé risquer de venir le voir en plein jour. Il falloit que notre voyageur fût au moins instruit par eux, de quelle manière le Naïb avoit résolu de le traiter.

Le 20, une personne vint le chercher de la part de Mahomet Gibberti (l'officier chargé des lettres de recommandation de Metical Aga, en faveur de M. Bruce), pour le conduire à terre. Le Naïb étoit demeuré à Arkéeko, grande ville située au fond de la baie de Masuah; mais Achmet, son neveu, qui étoit désigné pour son successeur, s'étoit rendu à Masuah, pour percevoir les droits sur la cargaison du vaisseau dans lequel étoit venu M. Bruce. Il y avoit deux chaises à bras, au milieu de la place où se tient le marché. Achmet, pendant qu'on visitoit les balles de marchandises, étoit assis sur une de ces chaises,

chaises, et celle qui étoit à sa gauche restoit vide. Il n'avoit guère que vingt-cinq ans, et peut-être même un peu moins. Sa taille étoit de cinq pieds quatre pouces, mais sa constitution foible et grêle. Quoiqu'il eût la jambe assez bien faite, il se penchoit fort en avant. Cependant il étoit très-vif et très-agile. Il avoit le visage et le cou fort longs, les sourcils noirs et épais, les yeux noirs, le nez aquilin, les lèvres minces, et ce qui est très-rare et très-estimé à Masuah, la barbe épaisse et frisée.

Achmet étoit vêtu d'une longue chemise de mousseline à la manière des Banians, et d'une robe blanche, fort étroite, qui lui tomboit jusqu'à la cheville du pied, et qui

ressembloit à-peu-près à celles que portent les enfans en Angleterre. Ce vêtement ne lui alloit pas trop bien; mais il sembloit qu'il l'avoit pris comme un habit de cérémonie. M. Bruce doubla le pas aussitôt qu'il vit Achmet. Il avoit intention de lui baiser la main, mais le domestique de Mahomet Gibberti, lui dit à l'oreille, de n'en rien faire. « Quand je fus près de lui, » dit notre voyageur, « il se leva. Nous
« nous prîmes la main; nous por-
« tâmes chacun nos doigts sur nos
« lèvres; puis nous croisâmes nos
« bras sur notre poitrine; alors
« je prononçai la salutation : que la
« paix soit entre nous ! par la-
« quelle commence toujours l'infé-
« rieur, en disant : *Salam alicoum !*

« et il répondit soudain : *alicoum*
« *salam !* la paix est entre nous ! ».

« Dans ces contrées, plus on rend
« d'honneurs à un étranger, » con-
« tinue M. Bruce, « plus on attend
« de lui un présent considérable.
« Achmet fit bientôt signe qu'on
« apportât du café ; car, dès qu'on
« offre à quelqu'un à manger, ou à
« boire, c'est un signe aussi que
« sa vie est en sureté. Il commença
« ensuite à me parler d'un ton assez
« grave. — Nous vous attendions
« ici, depuis quelque temps, » me
dit-il ; « mais nous pensions à la
« fin, que vous aviez changé d'idée,
« et que vous étiez allé aux Indes.
— « Depuis que je suis parti de
« Jidda, » lui répondis-je, « je suis
« allé dans l'Arabie heureuse, je

« suis entré dans le golfe de Moka, et
« j'arrive de Loheia. — Comment
« n'avez-vous pas peur d'entre-
« prendre, avec si peu de monde, de
« si longs et de si périlleux voyages ?
— « Les pays où je suis allé, sont
« soumis, ou à l'empereur de Con-
« stantinople, dont émane le firman
« que j'ai l'honneur de vous pré-
« senter, ou au Bey du Caire et à
« la porte des janissaires, dont
« voilà les lettres, ou enfin au Shé-
« rif de la Mecque. Je vous présente
« les lettres du Shérif, et en outre
« celle de Metical Aga, votre ami,
« qui comptant sur votre probité
« et sur votre délicatesse, m'a as-
« suré que cette seule recomman-
« dation suffiroit pour me mettre
« à l'abri de tout mauvais traite-

« ment, si l'on n'avoit point d'ail-
« leurs à se plaindre de moi. Quant
« aux dangers auxquels je puis m'ê-
« tre exposé en route, de la part des
« bandits et des voleurs, mes gens
« sont en petit nombre, il est vrai,
« mais braves et accoutumés à ma-
« nier les armes dès leur enfance,
« et je ne redoute pas une troupe plus
« considérable de brigands lâches
« et désordonnés.

« Achmet me rendit alors les
« lettres du Shérif, en disant:
« vous donnerez demain ces lettres
« au Naïb. Je garde celle de Meti-
« cal, parce qu'elle m'est adressée;
« et je la lirai quand je serai chez
« moi. En même temps il la mit
« dans son sein. Alors je me levai
« pour prendre congé; mais aussitôt

« je fus trempé jusqu'à la peau,
« avec de l'eau de fleur d'orange,
« dont deux esclaves, tenant chacun
« une bouteille d'argent, m'arro-
« sèrent à droite et à gauche.

Achmet étoit fils du dernier Naïb, et à la mort de celui qui régnoit alors, la souveraineté lui étoit dévolue. Son droit étoit même d'autant plus incontestable, que la petite-vérole avoit fait périr tous les fils du Naïb actuel. Celui-ci, en outre, avoit eu une attaque de paralysie qui ne lui laissoit d'activité que pour former des projets perfides et dangereux. Enfin Achmet avoit une grande influence dans le gouvernement.

On avoit préparé une maison fort propre à M. Bruce. A peine y fut-il entré, avec sa suite, qu'on lui apporta un grand dîner de la part d'Achmet. Peu de temps après il reçut tous ses bagages, sans qu'ils eussent été ouverts, ce qui lui fit grand plaisir; car il craignoit que des curieux ne brisassent quelque chose dans sa pendule, dans son télescope, ou dans son quart de cercle, en les maniant avec trop peu d'attention.

La soirée étoit déja fort avancée, quand Achmet rendit visite à M. Bruce. Le musulman avoit quitté sa parure, et même il étoit presque nu, n'ayant qu'une espèce de robe de baracan négligemment jetée sur ses épaules, une paire de longues culottes de calico, et un bonnet de coton sur la tête. Il ne portoit point d'armes. Notre voyageur s'étant avancé au-devant de lui, le remercia de ce qu'il lui avoit envoyé ses effets. Achmet le prit par la main, et ils s'assirent sur deux coussins.

« Toutes les choses dont vous m'a-
« vez fait part ce matin, » dit le premier, « sont parfaitement rai-
« sonnables ; mais il faut que je
« vous fasse quelques questions im-
« portantes pour vous. Quand vous
« êtes arrivé à Jidda, on nous a
« rapporté que vous étiez un grand,
« le fils, ou le frère d'un roi, et que
« vous alliez aux Indes. Méti-
« cal Aga, dans la lettre particu-
« lière que Mahomet Gibberti re-
« mit, hier soir, au Naïb, dit,
« entre autres choses, peu ordi-

« naires, que le jour où il vous arri-
« vera quelque accident, devra être
« regardé par moi, comme le plus
« malheureux de ma vie. Vous êtes
« chrétien, Metical est musulman;
« et ses expressions ne sont pas celles
« dont se servent les sectateurs de
« Mahomet, quand ils parlent de
« quelqu'un de votre religion. Me-
« tical ajoute que le Grand-Seigneur
« vous qualifie de Bey Adzê (très-
« noble). Dites-moi donc, avec
« vérité, si vous êtes prince, si vous
« êtes fils, frère, ou neveu d'un roi ?
« Êtes-vous banni de votre pays ?
« que cherchez-vous dans le nôtre ?
« pourquoi vous exposez-vous à
« tant de peines et de dangers ?»

M. Bruce lui répondit : « Je ne
« suis ni fils, ni frère de roi ; je ne

« suis qu'un Anglais, qu'un simple
« particulier. Si vous voyiez nos
« princes, les fils du roi d'Angle-
« terre, jamais, Sidi Achmet, ja-
« mais vous ne pourriez les con-
« fondre avec des hommes qui ne
« sont pas plus que moi. Si ces
« princes avoient envie de venir
« dans cette partie du monde, cette
« mer seroit trop petite pour con-
« tenir leurs vaisseaux. Quand ils
« feroient entendre le bruit de leurs
« terribles canons, aucun Arabe
« ne se croiroit en sureté sur ses
« montagnes les plus reculées. Les
« villes qui sont sur le rivage, éprou-
« veroient le même effet, que si la
« terre alloit être bouleversée par
« d'affreux tremblemens. Je suis un
« des moindres serviteurs du roi

« d'Angleterre, et je ne me crois
« digne de son attention, que par
« mon attachement pour sa per-
« sonne. Cependant, vos corres-
« pondans ne vous ont pas tout-à-
« fait trompé. Mes ancêtres ont
« été rois du pays où je suis né
« (l'Ecosse), et ils méritent d'être
« comptés parmi ceux qui ont porté
« la couronne avec le plus de gloire.
« Voilà la vérité. Puis-je mainte-
« nant vous demander à mon tour,
« et sans vous offenser, pourquoi
« vous m'avez fait cette ques-
« tion ? »

Achmet lui dit : « Pour votre su-
« reté ; pour que vous soyez res-
« pecté dans Masuah, tant que j'y
« commanderai. — Mais votre mort
« est certaine, si vous allez chez

« les Abyssins. Ce sont des gens
« sans foi, des hommes avides,
« barbares, et continuellement en
« guerre, sans qu'on puisse en sa-
« voir la raison. — Mais nous par-
« lerons de cela une autre fois. »

« J'y consens, » répliqua M. Bruce;
« mais j'ai un mot à vous dire en
« secret. » Aussitôt tous les assis-
tans eurent ordre de se retirer. —
« Tout ce que vous m'avez dit
« ce soir, » reprit-il, « ne m'étoit
« pas nouveau. Ne me demandez
« pas comment je l'ai appris; mais
« soyez certain que je vous remer-
« cie sincèrement de votre huma-
« nité. Je sais que vous vous êtes
« opposé à l'intention qu'on avoit
« de me voler et de m'assassiner à
« mon arrivée, quand le gouver-
« neur

« neur de Dahalac, Abdelcader,
« rapporta que j'étois un prince,
« et que je devois avoir beaucoup
« d'or, d'après les saluts que me
« firent les Anglais de Jidda, saluts
« dont il fut témoin. »

Achmet fut très-étonné. M. Bruce reprit : « D'après un usage sacré
« dans tout l'Orient, les étrangers
« marquent par quelques dons, leur
« reconnoissance de la protection
« qu'on leur accorde. — J'ai un pré-
« sent pour le Naïb, dont je con-
« nois d'avance, le caractère et les in-
« tentions. J'en ai un aussi pour vous
« et le Kaya des janissaires. Je les
« offrirai tous la première fois que
« j'aurai audience du Naïb. Mais
« on m'a assuré que je pouvois vous
« considérer comme mon ami ; et

« à ce titre, je vous dois une marque
« particulière de gratitude. Voilà
« une paire de pistolets d'un travail
« fini, que je vous prie d'accepter. Ce
« qui m'a engagé à vouloir vous par-
« ler sans témoins, c'est que j'étois
« incertain si vous vous chargeriez
« vous-même de ces pistolets, ou
« si vous aimeriez mieux les en-
« voyer prendre par un domesti-
« que de confiance, qui n'en dise
« rien ; car si le Naïb....

« Je vous entends, » répondit
Achmet. « Quoique je ne connoisse
« pas comme vous le cœur des per-
« sonnes que je n'ai jamais vues,
« je connois fort bien le cœur des per-
« sonnes avec lesquelles je vis, gar-
« dez les pistolets, et ne les laissez
« voir à qui que ce soit, jusqu'à ce

« que je vous envoie un homme à
« qui vous puissiez parler avec con-
« fiance. Personne, autre que vous et
« moi, n'en saura rien ; car nous
« avons ici un grand nombre de
« gens qui sont plutôt des diables
« que des hommes. Celui qui vous
« apportera des dattes sèches, dans
« un mouchoir des Indes, avec
« une aiguière de terre, emportera
« les pistolets. Vous pourrez, je
« vous le répète, lui remettre tout
« ce que vous voudrez m'envoyer.
« En attendant, dormez tranquille,
« et ne craignez rien ; mais gardez-
« vous bien de vous fier aux Ca-
« fres d'Habesh, qui sont à Masuah. »

Bientôt après le départ d'Achmet, une fille esclave se présenta chez M. Bruce, avec les signes convenus. Le voyageur eut d'abord quelque crainte, parce que l'esclave étoit d'un sexe différent de celui qu'on lui avoit annoncé ; mais cette fille le rassura bientôt ; elle lui donna les dattes, et emporta les pistolets.

Dans la matinée du 21, le Naïb arriva d'Arkéeko à Masuah. La route se fait ordinairement toute entière par mer, et ne dure que deux heures : mais quand on en fait une partie par terre, il faut plus de temps. On se rend alors au nord de l'île, où le canal qui la sépare du continent, n'a pas plus d'un quart de mille de large. Le Naïb n'étoit accompagné que de quatre cavaliers, fort mal montés, et d'une quarantaine de sauvages, à pied, et presque nus, mais armés de lances et de coutelas.

Un tambour qui ouvroit la marche, battit depuis Arkeeko, jusque vis-à-vis de Masuah : mais dès que le Naïb entra dans le canot, ce tambour cessa de battre ; et les autres tambours qui sont dans ce qu'on appelle le château de Masuah se firent entendre. Ce château est une espèce de hutte, où il y a un canon sans affût, qu'on ne tire jamais qu'en courant risque d'estropier quelqu'un, et en causant beaucoup de frayeur aux environs. Les tambours sont des jarres de terre, pareilles à celles dont on se sert, pour transporter le beurre en Arabie, et dont on garnit le dessus avec une peau.

Le Naïb étoit vêtu d'une vieille robe à la turque, beaucoup trop courte pour sa taille. Il portoit un turban fort haut, mais si étroit, que sa tête ne pouvoit pas y entrer. Lorsque M. Bruce alla lui rendre visite, il le trouva assis dans un fauteuil, placé à l'extrémité de deux files de soldats tout nus, qui formoient une avenue depuis la porte de sa maison. Ce prince n'avoit sur le corps qu'une grosse chemise de coton très-sale et très-courte. C'étoit un homme très-grand et très-mince. Il avoit la peau noire, le nez fort long, la bouche grande, et pour toute barbe, une touffe de poil gris au menton. Ses gros yeux étoient sans vivacité; mais son visage étoit sur-tout défiguré, par une espèce de sourire dédaigneux et méchant, par un maintien à-la-fois stupide et brutal. Son caractère répondoit parfaitement à sa mine; car c'étoit un homme d'un esprit borné, cruel à l'excès, avare et ivrogne.

« Je lui présentai mon firman, » dit M. Bruce. « Le premier pacha « de l'empire turc se seroit levé à « l'instant, il eût baisé le papier, « et l'eût porté à son front: mais « le Naïb ne voulut pas même le « prendre, et il le repoussa, en « disant : « Lisez-le-moi d'un bout « à l'autre. » — Je lui répondis que le firman étoit écrit en turc, et que je ne connoissois pas cette langue. — « Ni moi non plus, » reprit le Naïb, « et je crois bien que je « ne l'apprendrai jamais. » — « Je « lui remis alors les lettres de Me-

« tical Aga, du Sherif, d'Ali Bey et
« de l'Aga des janissaires du Caire.
« Il les prit avec ses deux mains,
« et les posa sans les ouvrir, en s'é-
« criant : « Vous auriez dû amener
« avec vous un Mollah, pour lire
« toutes ces lettres. Croyez-vous que
« je vais m'amuser à le faire moi-
« même ? il me faudroit plus d'un
« mois. » — « En même temps, il
« continua à me fixer, la bouche ou-
« verte, et d'un air si stupide, que
« j'eus peine à m'empêcher de rire.
« Je lui répondis seulement : « Com-
« me il vous plaira ; vous savez
« mieux que moi, ce que vous
« devez faire.

« Il affecta d'abord de ne pas sa-
« voir l'arabe, et il me parla par
« le moyen d'un interprète, s'ex-

« primant lui-même dans le lan-
« gage de Masuah, qui n'est qu'un
« dialecte de celui du Tigré : mais
« voyant bientôt que je l'entendois,
« il me parla arabe, et même fort
« bien.

« Notre conversation fut assez
« courte; et je saisis l'instant de
« silence qui la suivit, pour offrir
« au Naïb, un présent qui ne parut
« pas précisément lui déplaire; mais
« il sembloit que quand il lui auroit
« déplu, il eût été au-dessous de lui
« de me le dire. Assez mécontent de
« l'accueil du Naïb, et du peu de
« cas qu'il paroissoit faire des let-
« tres que je lui avois remises, je pris
« congé de lui. »

La petite-vérole désoloit en ce
moment Masuah; et il étoit à crain-

dre qu'il ne restât pas assez de gens en vie, pour enterrer les morts. L'île, jour et nuit, retentissoit de cris de douleur. Enfin il mouroit tant de monde, qu'au lieu de continuer à creuser des fosses, on commença à jeter les cadavres à la mer, ce qui priva notre voyageur de manger du poisson, qu'on dit être très-bon à Masuah. M. Bruce s'étoit bien gardé de se dire médecin, de peur qu'on ne l'obligeât à rester.

Le 13 octobre, le Naïb revint, et fit partir le vaisseau qui avoit amené le voyageur anglais. Celui-ci reçut en même temps avis de ce souverain de lui préparer un beau présent. Le Naïb alla même jusqu'à faire une longue liste des objets qu'il desiroit. Il vouloit aussi que ces objets fussent séparés en trois parties, pour qu'ils lui fussent présentés en trois jours différens. Il exigeoit la première, comme Naïb d'Arkéeko, la seconde, comme Omar Aga, représentant du Grand-Seigneur, et la troisième enfin, parce qu'on avoit laissé passer gratis le bagage de notre voyageur, et sur-tout son grand quart de cercle.

« Comme la protection que m'a-
« voit promise Achmet, » dit M. Bruce, « me donnoit du cou-
« rage, je fis répondre au Naïb,
« qu'ayant un firman du Grand-
« Seigneur et des lettres de Méti-
« cal Aga, c'étoit par pure géné-
« rosité que je lui avois offert un
« présent ; que je ne faisois point le

« commerce dans ses états, que je
« n'étois chargé d'aucune mar-
« chandise, et qu'ainsi, je n'avois
« point de droits à payer. Aussitôt
« le Naïb me manda dans sa mai-
« son, où je le trouvai dans une
« violente colère, et nous nous dî-
« mes des choses fort vives. A la fin il
« m'assura que si, le lundi suivant,
« à son arrivée il ne trouvoit pas
« trois cents onces d'or, toutes prê-
« tes, il me confineroit dans un ca-
« chot ténébreux, où bientôt les os
« me perceroient la peau. »

Un oncle du Naïb qui étoit présent à cet entretien, renchérit encore sur son neveu. M. Bruce après les avoir menacés l'un et l'autre de ses compatriotes qui étoient à Jidda, leur dit qu'il avoit aussi des paquets du du Shérif de la Mecque et de Metical Aga, pour le roi d'Abyssinie et pour Michaël Souhoul, gouverneur du Tigré. A ces mots, il entendit le Naïb, qui disoit à voix basse, et se parlant à lui-même : « Quoi ! pour Michaël aussi ! Eh « bien ! » ajouta-t-il, « continuez « votre voyage; mais songez aux « dangers que vous courez. »

Pendant tout ce temps-là, Achmet étoit retenu dans son lit, par la fièvre. M. Bruce voulant aller le voir, fit prier le Naïb de lui permettre de se rendre à Arkéeko: mais celui-ci, tout en accordant cette permission, prit des mesures pour qu'elle fût sans effet.

Le 29 octobre, le Naïb revint, et l'on dit à notre voyageur qu'il étoit de fort mauvaise humeur contre lui. Le Naïb l'envoya chercher. L'Anglais se rendit soudain près de lui, et le trouva dans une grande chambre, qui avoit tout l'air d'une grange. Ce prince étoit environné d'une soixantaine de personnes presque nues, qui étoient les principaux officiers de l'état, et qui composoient le divan.

Une comète avoit paru sur la côte d'Abyssinie, quelques jours après l'arrivée de M. Bruce. A cette dernière entrevue du voyageur avec le Naïb, celui-ci lui demanda ce que signifioit cette comète, et pourquoi elle paroissoit ? Avant de lui donner le temps de répondre, il continua en disant : « La première « fois qu'on l'a vue, elle nous a

« apporté la petite-vérole, qui a
« fait mourir plus de mille per-
« sonnes à Masuah et à Arkéeko.
« On sait que vous avez eu des entre-
« tiens avec elle, chaque nuit, pen-
« dant tout le temps que vous avez
« été à Loheia (1). Elle vous a
« suivi ici, sans doute, pour ache-
« ver le reste de mes sujets; et vous
« la conduisez en Abyssinie. Qu'a-
« vez-vous donc à faire de cette
« comète. »

L'Emir Achmet, frère du Naïb, ajouta tout de suite, qu'il savoit que M. Bruce étoit un ingénieur qui

---

(1) On l'avoit vue auparavant dans l'Arabie heureuse. M. Bruce en suivoit la marche avec attention; mais les tubes de ses longs télescopes inquiétèrent un peuple ignorant.

alloit joindre Michaël, gouverneur du Tigré, pour enseigner aux Abyssins à fondre du canon, et à faire de la poudre, et que le premier usage qu'on feroit de ses secrets, seroit d'attaquer Masuah. Cinq ou six autres personnes parlèrent de la même manière; et le Naïb conclut en disant qu'il enverroit l'étranger, les fers aux pieds et aux mains, à Constantinople, à moins qu'il ne voulût aller aux sources d'eaux chaudes d'Hamazen, avec l'Emir Achmet, son frère, et que c'étoit-là la résolution des janissaires, parce que le voyageur avoit caché qu'il étoit médecin.

Après de vives altercations avec le Naïb, M. Bruce s'en retournoit chez lui, très-pensif; car il étoit clair en ce moment, que ses affaires alloient être promptement décidées en bien ou en mal. Il remarqua, ou du moins il le crut, que tout le monde l'évitoit. Cependant comme il alloit entrer dans sa maison, un homme passa près de lui, et lui dit dans la langue du Tigré, puis en arabe : « ne craignez rien. » Cet avis, tout court qu'il étoit, ne laissa pas que de ranimer son courage.

À peine avoit-il achevé de dîner qu'un domestique arriva d'Arkéeko. Il étoit porteur d'une lettre d'Achmet, qui instruisoit M. Bruce de sa maladie, et se plaignoit d'autant plus qu'il ne fût pas allé le voir, qu'on lui avoit dit qu'il auroit pu le soulager. Il l'invitoit en même temps à retenir près de lui, le porteur de cette lettre, et à lui confier la garde de sa porte, jusqu'à ce qu'il vînt lui-même à Masuah. Le messager d'Achmet fut d'un grand secours à M. Bruce que des brigands, c'est-à-dire, des émissaires du Naïb, vinrent insulter pendant la nuit. Ils furent repoussés.

Enfin notre voyageur trouva moyen de se rendre auprès d'Achmet. Celui-ci avoit peur de mourir, ou de perdre l'usage de ses membres, comme l'Emir son oncle; car il croyoit qu'une sorcière de la nation des Shihos les avoit rendus malades l'un et l'autre. — « Mon « ami, » lui dit M. Bruce, « si votre « oncle Achmet avoit perdu l'usage « de sa langue, il m'auroit épargné « beaucoup de propos déplacés qu'il

« a tenus dans le divan. » Le malade avoit un violent mal de tête, et il répondit seulement : « Ah ! le « vieux mécréant savoit bien que « j'étois ici, sans quoi il se seroit « donné de garde de parler comme « il l'a fait. » — M. Bruce administra sur-le-champ à Achmet, les remèdes nécessaires pour diminuer son mal de tête et lui fortifier l'estomac. Le lendemain, il commença à lui faire prendre du quinquina qui eut un prompt effet.

Le 6, pendant que M. Bruce déjeûnoit, on vint lui annoncer que trois Abyssins étoient arrivés du Tigré. L'un étoit un jeune esclave qui parloit et écrivoit parfaitement le grec ; Celui-ci étoit envoyé par Janni (1).

(1) C'étoit un Grec, résidant à Adowa,

Les deux autres étoient des serviteurs du Ras Michaël, ou plutôt du roi, car ils portoient le petit manteau rouge, garni de bleu mazarin, qui sert à distinguer ceux du prince, et qu'on appelle *Shalakas*. La lettre du Ras Michaël au Naïb étoit très-courte. Il lui mandoit que la santé du roi Hátzé Hannès étoit fort mauvaise, et qu'il étoit infiniment surpris qu'on ne se fût pas hâté d'accélérer le voyage du médecin que Metical Aga envoyoit à ce prince, médecin qu'on savoit déja arrivé à Masuah. Michaël ordonnoit en même temps au Naïb de fournir à cet étranger tout ce qui

qui étoit receveur de toutes les douanes du Tigré et de Dixan.

lui seroit nécessaire, et de ne pas le retarder d'un seul jour.

D'après plusieurs observations sur le soleil et les étoiles, M. Bruce détermina la latitude de Masuah, par 15° 35′ 5″; et le 22 septembre 1769, une observation du second satellite de Jupiter, lui donna la longitude de 3° 3′ à l'est du méridien de Greenwich.

Masuah est un pays fort malsain, ainsi que toute la côte depuis l'isthme de Suez jusqu'au détroit de Bab el Mandel, et principalement entre les tropiques. Une fièvre violente, désignée sous le nom de *Nedad*, est la plus terrible des maladies du pays, et occasionne ordinairement la mort au bout de trois jours. Cependant, si le malade résiste jusqu'au cinquième, il a beaucoup d'espoir d'en réchapper tout-à-fait, en buvant seulement beaucoup d'eau fraîche, et s'en faisant jeter sur le corps, pendant qu'il est au lit, où il ne faut pas qu'il reste sec un seul instant.

Le remède le plus efficace contre cette fièvre est le quinquina ; mais on doit l'administrer d'une manière bien différente de celle qu'on emploie en Europe. Dès qu'une personne a de la répugnance à manger, qu'elle bâille souvent, qu'elle a de la roideur autour des yeux, qu'elle éprouve le long de l'épine du dos, une sorte de sensation, non pas douloureuse, mais inaccoutumée, il n'y a pas un seul instant à perdre : il faut lui donner le quinquina à petites doses, mais fréquemment répétées. Toute espèce d'alimens est en même temps dangereuse. L'eau seulement est permise; le malade doit même en boire beaucoup. S'il le fait, il ne manque pas d'être purgé, à la seconde ou à la troisième dose de quinquina; et si l'évacuation est un peu considérable, il est presque sûr de la guérison, et même d'une prompte convalescence. On doit, dans ce cas-là, donner de légères médecines, et observer que le riz est l'aliment le plus sain.

La fièvre tierce est aussi une maladie fort dangereuse sur la côte d'Arabie, dans l'île de Masuah et dans toute l'Abyssinie; car ces divers pays sont sujets aux mêmes maux physiques. Cette fièvre ne diffère en rien de celle que nous connoissons en Europe sous le même nom : mais comme elle ne fait pas ordinairement mourir le malade dans les premiers jours, elle laisse le temps au médecin de prendre les précautions qu'il croit nécessaires pour s'assurer des effets du quinquina. On reconnoît cette maladie à des soulèvemens d'estomac, à des maux de tête, à des bâillemens involontaires, à une douleur légère sur le derrière du cou, à des frissons rapides et momentanés, un froid qu'on ressent principalement le long de l'épine du dos, enfin, à un abattement, à une disposition extraordinaire à la paresse, disposition qu'occasionne d'ailleu d'ailleurs assez la chaleur du climat.

Toute espèce de fièvre dans les contrées dont nous parlons, se termine en une fièvre intermittente qui dure quelquefois très-long-temps et peut dégénérer en dyssenterie, toujours très-dangereuse et souvent mortelle. Alors les meilleurs remèdes qu'on puisse prendre sont le quinquina en petite quantité, l'ipécacuanha, en assez petite quantité aussi, pour qu'il n'occasionne pas des vomissemens, l'eau pure et le fruit qui n'est pas trop mûr.

Quant à l'autre espèce de dyssenterie, qui commence par une diarrhée continuelle, lorsque les intestins sont excoriés, il est très-difficile de la guérir, sur-tout si c'est dans la saison des pluies. Si, au contraire, elle prend dans la saison de la sécheresse, quelques légères doses d'ipécacuanha suffisent pour la faire disparoître tout-à-fait, ou pour qu'elle se termine en fièvre intermittente que dompte facilement le quinquina.

Une autre maladie endémique de ces climats est le *Hauzeer* (1), qui occasionne un gonflement considérable aux glandes de la gorge et de dessous les bras. Les ignorans africains s'efforcent, mais vainement, de réduire ces glandes en suppuration. Ils y font des incisions, et il en résulte beaucoup de douleur et un écoulement. Le

(1) C'est-à-dire, le mal des cochons, ou le mal des truies.

Hauzeer ressemble à ce qu'on appelle en Europe les *écrouelles*.

Il y a encore une maladie qui n'est guère plus dangereuse, mais qui paroît terrible. Ce sont de petits tubercules, ou gonflemens de la peau, qui se manifestent sur tout le corps, et principalement sur les bras, sur les cuisses et sur les jambes. Ces éruptions disparoissent et reviennent ensuite pendant des semaines entières, sans causer la moindre douleur, quoique les jambes alors deviennent aussi monstrueuses que dans une hydropisie complète.

Tous les Africains qui vivent entre les tropiques sont extrêmement affligés dès que la moindre éruption altère la finesse de leur peau.

Un nègre du Sennaar se cache dans les coins les plus obscurs de sa maison, il se dérobe même à ses amis, lorsqu'il a seulement deux ou trois boutons sur quelque partie du corps. Il n'y a pas de remède, quelque violent qu'il puisse être, qu'il n'emploie pour les faire passer. Les plaies, les cicatrices ne déshonorent pas comme les boutons.

Les deux dernières maladies se traitent par l'usage du mercure, quoique la première n'y cède qu'imparfaitement et difficilement. L'antimoine est le remède le plus sûr et le plus prompt pour guérir la seconde.

La maladie, dont parle ensuite M. Bruce, est le *Farenteit*, mot corrompu qui vient de l'arabe, et qui signifie le ver de Pharaon : car les Arabes ont attribué tous les maux aux princes de ce nom ; et la postérité s'est accoutumée à les regarder comme les génies mal-faisans du pays où ils ont régné.

Le ver de Pharaon attaque ordinairement les personnes qui sont dans l'usage de boire de l'eau stagnante. Ce ver se forme dans diverses parties du corps, mais principalement aux bras et aux jambes. Quand il commence à se montrer, on aperçoit une petite tête noire, avec une bouche alongée, crochue et blanchâtre. Son corps est également blanc, et ressemble beaucoup à un petit nerf, bien disséqué, bien nettoyé. Lorsque cet animal paroît, les gens du pays, qui sont au fait, le saisissent adroitement par la tête, et le roulent autour d'une soie, ou d'une petite plume d'oiseau. Chaque jour, et même plusieurs fois dans la journée, ils recommencent à le rouler, tant qu'ils peuvent : mais s'il fait la moindre résistance, ils s'arrêtent de peur de le casser. M. Bruce a vu quelquefois plus de cinq pieds de long de ce singulier animal, qu'on avoit roulé avec la plus grande patience, dans le cours de trois semaines. Il ne restoit alors, aucune inflammation sur les bords de l'endroit par lequel on l'avoit tiré. Seulement il paroissoit y avoir dans le trou, une matière lymphatique, qui sortoit en petite quantité, quand on pressoit les chairs avec le doigt : mais en trois jours de temps, le trou se rejoignoit, sans laisser la plus légère cicatrice.

M. Bruce a été lui-même attaqué de cette maladie, peu de temps après son retour de la Haute-Egypte. Il étoit au Caire, assis sur un sofa, et lisoit, quand il sentit sur l'os de la jambe, à sept pouces du genou, une démangeaison presque semblable à celle que cause la piqûre d'un maringouin. Il se gratta, et presque immédiatement une petite boursoufflure parut sur la peau. Au bout d'une heure, la démangeaison se fit encore sentir; et comme il étoit plus occupé de sa lecture que de sa jambe, il se gratta de nouveau, mais au point que le sang sortit. Bientôt il aperçut quelque chose de noir, qui s'élevoit au-dessus de la peau de l'endroit où il s'étoit gratté. Toute espèce de remède fut vainement employée ; et cette maladie n'étant pas connue au Caire, il fallut avoir recours à la manière dont on la traite dans les pays où elle est commune. Les huit premiers jours on tira environ huit pouces de longueur du ver, qu'on roula sur un morceau de soie écrue, sans que M. Bruce eût la fièvre, sans qu'il ressentît même aucune douleur : mais s'étant embarqué pour la France, le chirurgien du vaisseau, qui s'étoit chargé de continuer l'opération, rompit le ver, par trop de promptitude, ou par inattention. Il s'ensuivit une violente inflammation. La jambe enfla au point qu'on ne put distinguer ni le genou, ni a cheville du pied. La peau étoit rouge, comme de l'écarlate, et si tendue qu'elle brilloit comme une glace. La plaie s'étoit refermée, à tel point qu'il ne sortoit aucune matière, et que la gangrène étoit fort à craindre. Cependant les soins qu'on eut pour M. Bruce, chez une nation, connue, dit-il, par son extrême humanité envers les étrangers, joints à l'habileté du chirurgien du Lazaret de Marseille, le délivrèrent de cet horrible mal.

Il y avoit cinquante-deux jours que le ver avoit commencé à paroître, et le malade en passa trente-cinq dans les plus vives douleurs. La plaie suppura enfin; mais il fallut l'élargir, pour en faire sortir beaucoup de matière. M. Bruce fit constamment usage du quinquina, tant intérieurement qu'en fomentations. Malgré cela, il se ressentit encore plus d'un an de son mal, et il n'en fut entièrement guéri, qu'après avoir pris les bains de Poretta, situés dans les montagnes de Bologne.

La dernière maladie endémique de l'Ethiopie, et, sans contredit, le plus terrible des fléaux qui affligent la nature humaine, est l'éléphantiasis. Quelques auteurs l'appellent la lèpre arabe, quoique ce mal ne ressemble pas plus à la lèpre de la Palestine, qui est la seule espèce de lèpre que nous connoissions, qu'il ne ressemble à la goutte, ou à l'hydropisie. Dans le cours de cette maladie on porte sur son visage, toutes les marques de la meilleure santé. Les yeux sont vifs et brillans; mais on a, en général, la peau sèche sur le dos, et en la frottant, elle devient blanche et luisante; ce qui, selon M. Bruce, est le seul symptôme commun avec la lèpre, encore la peau ne s'écaille-t-elle pas, comme dans cette dernière maladie. Les cheveux des lépreux deviennent blancs, ou roux, et très-fins; mais ceux des personnes qui ont l'éléphantiasis, conservent leur couleur naturelle; et quoique les Abyssins aient généralement fort peu de barbe, notre voyageur en a vu qui, probablement dans le dernier période de la maladie, avoient le menton bien garni d'un poil très-noir.

L'éléphantiasis n'ôte point l'appétit, et le malade n'est astreint aucun régime. Il a le pouls comme une personne qui se porte bien mais il est tourmenté d'une soif continuelle. Les Abyssins prétendent que cette maladie n'est point contagieuse. M. Bruce a connu des hommes qui l'avoient au plus haut degré, et qui faisoient des enfans à leurs femmes, sans que ces enfans apportassent la moindre marque du mal de leur père. Il faut pourtant avouer qu'ils n'ont pas non plus l'air d'une bonne santé. On dit que le germe de l'éléphantiasis, quoique né avec l'enfant, ne se développe aussi que dans l'âge de la virilité, et que quelquefois même, il passe une génération sans se montrer,

trer, mais qu'ensuite il reparoît.

Le siége du mal est depuis le genou jusqu'à la cheville du pied. La jambe enfle considérablement, et devient aussi grosse en bas qu'en haut. Elle est remplie d'une espèce de rides, ou de plis circulaires, qui ressemblent à des cerceaux. La chair est ouverte entre ces plis, et il en sort une grande quantité de matière lymphatique. L'enflûre de la jambe est si forte, que le pied en est recouvert au point qu'il n'en paroît guère plus d'un pouce de long. La couleur noire de la peau, et les tubercules raboteux qui s'élèvent dessus, ont probablement fait donner le nom d'éléphantiasis à cette maladie; car les jambes de ceux qui en sont affligés, ressemblent d'une manière frappante à celles du plus noble des quadrupèdes, lorsqu'il est dans toute sa vigueur.

M. Bruce, sans s'attacher à prouver jusqu'à quel point le climat de toute cette partie de l'Afrique influe sur la santé de ses habitans, observe qu'il y a six mois de pluie, après lesquels on a tout de suite un ciel sans nuages, et un soleil qui darde ses rayons verticalement, puis des nuits froides qui succèdent à des jours brûlans. La terre, malgré la chaleur de l'air pendant le jour, conserve encore tant de fraîcheur qu'on la sent désagréablement aux pieds ; ce qui provient, tant des six mois pluvieux où le soleil ne paroît point, que de l'égalité constante des jours et des nuits. Les Abyssins les plus aisés se couvrent beaucoup trop légérement, car ils ne portent qu'une chemise de mousseline; les autres sont presque tout nus, et dorment de cette manière exposés à la fraîcheur de la nuit, après que l'ardente chaleur du jour a ouvert tous leurs pores. Cette habitude peut n'être regardée que comme une imprudence; mais l'usage constant d'eau stagnante et putride, pendant quatre mois de l'année, et la grande quantité de sel dont la terre est imprégnée, sont peut-être encore plus funestes pour les Abyssins; et c'est à la nature seule qu'ils doivent ces terribles inconvéniens.

Le premier conseil que M. Bruce

donne aux voyageurs, c'est de bien examiner leur tempérament, et de se ressouvenir du genre de maladies auxquelles ils ont pu être sujets avant leur arrivée dans l'Orient. Quelquefois, dit-il, la crainte s'empare tellement de nous, à la vue des morts soudaines, que nous prenons les symptômes les plus communs d'une maladie, qui nous est familière, dans notre pays, pour ceux des maladies violentes qui désolent l'Afrique. Cette crainte peut faire souvent beaucoup de mal. Aussi y a-t-il en Orient un proverbe qui dit : — « Si vous croyez « mourir, vous mourrez. »

Si, après avoir passé quelque temps dans cette contrée, un voyageur n'éprouve aucun dérangement de santé, il n'a besoin de rien changer à sa manière de vivre, excepté peut-être de manger un peu moins. Mais s'il est d'une constitution délicate, il ne peut rien faire de mieux que de suivre le régime des Orientaux sobres et qui se portent bien, sans vouloir se conduire d'après les idées européennes, et substituer un système particulier à ce qu'il voit employer avec succès. Toutes les liqueurs doivent être rejetées; il vaut même mieux prendre le quinquina dans de l'eau que dans du vin. L'estomac étant nécessairement relâché par la trop grande transpiration, a besoin, pour pouvoir bien digérer, de choses qui le fortifient, et non pas qui l'enflamment. C'est par cette raison (que nous nommerions instinct dans les animaux); que tous les Orientaux mettent dans leurs alimens, même dans les plus simples et les plus doux, dans le riz enfin, tant de poivre et d'autres épices, que le palais d'un Européen en seroit écorché. La Providence a donc placé dans l'orient ces puissans anti-septiques; et dès les premiers âges du monde, les habitans s'en sont servi à proportion de la quantité qu'ils ont pu s'en procurer.

M. Bruce établit donc, comme une règle certaine, que les mets les plus échauffans (ou plutôt les plus épicés), qui flattent tant le goût des naturels du pays, sont en même temps les plus sains, et doivent être préférés par les étrangers, qui voyagent dans la Basse-Arabie, en Abyssinie, dans le royaume de Sennaar, et même en Egypte ; et que les liqueurs fortes et les liqueurs fermentées sont un poison qu'il faut, de peur de céder à la tentation, se garder de porter avec soi, à moins qu'on n'en ait besoin pour servir de topique ou de remède détersif.

L'eau de source et sur-tout l'eau courante, est la meilleure boisson dont on puisse faire usage. On ne sauroit jamais être trop attentif à s'en procurer. « Mais comme sur « l'une et l'autre côte de la mer « Rouge, on ne trouve que de l'eau « stagnante, voici, » dit M. Bruce, « comment je l'épurois. Je prenois « une certaine quantité de sable fin

« que je lavois bien, pour lui ôter
« toutes les parties salines dont il
« étoit imprégné. Ensuite, je l'é-
« tendois sur une feuille de papier
« pour le faire sécher, puis je rem-
« plissois d'eau une de ces jarres qui
« servent ordinairement à mettre
« de l'huile; et j'y versois de plus
« une casserole d'eau bouillante,
« pour pouvoir tuer tous les ani-
« malcules. Alors je faisois couler le
« sable, le plus doucement possible
« sur la surface de ma jarre d'eau,
« et je la faisois reposer pendant la
« nuit. Le lendemain matin, je
« perçois la jarre, à près d'un
« pouce au-dessus du sable qui étoit
« allé au fond ; je tirois l'eau en
« bouteille, et je nettoyois le sable,
« pour m'en servir de nouveau.

« Ce procédé est plutôt exécuté
« que décrit. L'eau préparée de
« cette manière, devient aussi lim-
« pide que l'eau de source la plus
« pure, et presque aussi bonne que
« l'eau de Spa. On peut en boire
« sans crainte, autant qu'on veut.
« La grande transpiration dépouille
« le sang de ses parties aqueuses;
« et ce ne sont point les liqueurs
« fortes qui peuvent les lui rendre,
« quoiqu'elles procurent un mo-
« ment de vigueur. Quelquefois,
« accablé de chaleur, étant même
« prêt à tomber de foiblesse à force
« d'avoir transpiré, je me jetois
« dans un bain chaud, et je me
« sentois bientôt aussi fort que le
« matin à mon lever. L'eau péné-
« trant dans tous les pores, rendoit

« à mon sang les parties lympha-
« tiques que la transpiration lui
« avoit enlevées, et dont la perte
« seule avoit occasionné tout mon
« mal-aise. »

En Nubie, on ne doit jamais craindre de se plonger dans les fontaines et les rivières les plus froides, quelque chaleur qu'on ressente. Il en est tout autrement en Europe, où lorsqu'on a très-chaud, une immersion soudaine d'eau froide ferme tous les pores, et arrête la transpiration. L'eau tiède est même dangereuse, parce qu'on n'a pas assez de force naturelle pour transpirer après s'être baigné, à moins qu'on ne s'agite violemment. Mais dans les climats brûlans d'Afrique, la transpiration est continuelle, sans qu'on ait besoin d'action pour l'attirer. Si les pores se ferment à l'instant qu'on se plonge dans l'eau froide, bientôt après qu'on en est sorti, on se trouve de nouveau couvert de sueur par le simple effet de la température, et l'on recommence à perdre ces parties aqueuses dont le sang vient de s'enrichir.

Il faut se fatiguer le moins qu'il est possible. L'exercice n'est pas nécessaire, dans ces contrées, comme en Europe. On n'y doit manger que peu de fruits, et sur-tout de fruits trop amers. Le riz simple et le pilau sont les meilleurs alimens, dont on puisse faire usage. La volaille est fort mauvaise, les œufs sont pires, et les herbages mal-sains. En Arabie, le mouton est assez bon, quand il est rôti; on peut sans crainte le manger chaud, mais il vaut peut-être encore mieux froid. Toute espèce de soupe doit être rejetée. Le gibier est détestable.

Une coutume de tout temps établie en Orient, c'est de déplorer solennellement la mort d'un parent ou d'un ami, et de se faire sur les tempes, une incision de la grandeur d'une pièce de six sous. En conséquence, les habitans du pays laissent constamment un de leurs ongles fort long, pour pouvoir au besoin se faire cette incision. Les Juifs suivirent toujours cet usage, et les Abyssins l'adoptèrent, quoiqu'il fût défendu par la loi et les prophètes. Lorsque quelqu'un meurt à Masuah, ses parens et ses amis dansent.

sent. Les hommes et les femmes se placent en rond, et, d'un pas grave et lent, figurent une espèce de contredanse. Ils n'emploient alors pour tout instrument qu'un de ces tambours, ou jarres, dont on a déjà parlé; et toutes les voix l'accompagnent en chœur, avec une cadence très-marquée. On pratique la même coutume en Abyssinie, mais d'une manière plus singulière encore. A la mort d'un Ozoro, ou de quelque noble, les Umbares qui sont ordinairement des hommes de soixante à soixante-dix ans, chantent et dansent si ridiculement qu'il faut que les spectateurs soient bien affligés, pour ne pas s'empêcher de rire. Par cette danse, on prouve qu'on étoit l'ami du mort.

Mahomet Gibberti se maria à Arkéeko. Dans ces sortes d'occasions, un mari est pendant quinze jours invisible pour tout le monde, excepté pour les amies de sa femme. On le tient dans un appartement bien clos; on lui donne des liqueurs échauffantes, et l'on met tout en usage pour lui faire avoir la fièvre. Mahomet Gibberti devint si maigre, qu'il ne pesoit pas trente livres.

A Masuah, on a coutume de brûler tous les matins, dans les maisons, de la myrrhe et de l'encens, avant d'ouvrir les portes; et quand on sort le soir, ou de grand matin, on a toujours un petit morceau d'étoffe, bien imprégné de ces deux parfums, qu'on tient sous le nez, afin de se préserver du mauvais air.

Les maisons de Masuah sont presque toutes construites de bousillage et de bâtons, ainsi qu'en Arabie. Il y en a cependant une vingtaine en pierres, dont cinq ou six sont à deux étages. A la vérité, celui d'en-haut ne consiste qu'en une seule chambre, encore est-elle fort petite.

Quoique Masuah soit située à l'entrée de l'Abyssinie, pays fertile, tous les vivres y sont rares et d'une qualité inférieure, parce qu'il est dispendieux, difficile, dangereux même de transporter certaines choses à travers le désert de Samhar qui sépare Arkéeko des montagnes d'Abyssinie. D'ailleurs, la

Naïb prélève sous le nom de droits, la portion qu'il veut, sur toutes les marchandises qu'on porte dans l'île. Le profit du vendeur se trouve donc tellement diminué, qu'il ne balance pas les risques.

Malgré le peu d'étendue de l'île de Masuah, malgré la violence, l'injustice de son gouvernement, et d'autres inconvéniens, il y a beaucoup de commerce; mais ce commerce se fait vilainement, et en marchandises qui n'exigent pas de gros capitaux. L'autorité s'y mêle trop des affaires particulières, et la propriété y est trop peu respectée, pour qu'on ose risquer d'y porter des marchandises précieuses.

Le 13, à quatre heures de l'après-midi, M. Bruce qui, depuis le 10, étoit à Arkéeko, près d'Achmet, se rendit chez le Naïb. Celui-ci le reçut avec plus de politesse qu'à l'ordinaire, ou plutôt d'un ton moins brutal. Il venoit d'apprendre qu'un de ses esclaves qu'il avoit envoyé à Hamazen pour quelque recouvrement, avoit pris la fuite avec son argent. Le Naïb étoit fort préoccupé de cet accident ; c'est pourquoi M. Bruce se contenta de lui dire qu'il venoit prendre congé de lui, et lui demander ses ordres pour l'Habesh. Sa réponse fut : « Nous « avons assez de temps pour songer « à cela. Revenez demain matin. »

« Le lendemain, » dit notre « voyageur, « je ne manqai pas « de me rendre chez lui, après avoir

« eu soin d'abattre ma tente, et de
« disposer tous mes équipages pour
« mon départ. Il me reçut comme
« la veille; puis il me dit d'un air
« grave : « qu'il souhaitoit d'accé-
« lérer mon voyage en Habesh, au-
« tant qu'il lui seroit possible,
« pourvu que je lui témoignasse
« la considération qui lui étoit due
« par tous les étrangers ; que par
« ma tente, mon bagage, mes ar-
« mes, il voyoit bien que j'étois un
« homme au-dessus du commun,
« ce que le firman du Grand-Sei-
« gneur, et toutes les lettres dont
« j'étois porteur, attestoient encore
« mieux; que si je lui offrois moins
« de mille patakas (1), ce seroit

(1) Mille écus d'Allemagne.

« un grand affront pour lui ; mais
« que cependant, par rapport au
« gouverneur du Tigré, auprès de
« qui j'allois, il se contenteroit de
« trois cents patakas, à condition
« que je lui jurerois de ne pas le di-
« vulguer, par rapport à la honte
« qu'il y auroit pour lui à recevoir
« un si petit présent. »

« Je lui répondis d'un ton moins
« grave que le sien, « que je croyois,
« en effet, qu'il auroit tort de rece-
« voir trois cents patakas, quand
« un présent de mille seroit à-la-fois
« plus honorable et plus avantageux
« pour lui ; qu'il n'avoit donc rien
« de mieux à faire qu'à porter cette
« dernière somme dans ses comptes
« avec le gouverneur du Tigré ;
« que pour moi j'étois envoyé

« vers le roi d'Abyssinie par Metical
« Aga, et qu'en conséquence, je
« voulois poursuivre ma route;
« mais que s'il s'opposoit à ce que
« je la continuasse, je m'en retour-
« nerois, et j'exigerois de Metical
« Aga, dix mille patakas de dédom-
« magement pour le temps que j'au-
« rois perdu, et que le ministre et
« le Ras Michaël s'arrangeroient
« ensuite avec lui, tout comme il
« leur plairoit. » Le Naïb ne répliqua point. Il dit seulement entre
ses dents : *Sheitan Afrite* ! « quel
« démon ! »

« Les amis que je m'étois faits à
« Arkéeko et à Masuah, voyant
« combien le Naïb s'obstinoit à em-
« pêcher mon départ, et connois-
« sant sa perfidie et sa cruauté, me

« conseillèrent de renoncer au pro-
« jet d'aller en Abyssinie. Ils crai-
« gnoient que quand je passerois
« dans le désert de Samhar, parmi
« les nations barbares soumises au
« Naïb, je ne demeurasse victime
« des difficultés que cet indigne
« prince m'auroit préparées, ou que
« quelque accident pourroit faire
« naître. Mais j'étois trop persuadé
« des dangers plus grands encore,
« qui m'assailliroient, si je demeu-
« rois seul à Masuah, et j'étois trop
« déterminé à suivre mon voyage,
« pour hésiter un seul instant.

« Le 15, à la pointe du jour, j'a-
« battis de nouveau ma tente, et je
« fis préparer mon bagage, pour
« montrer que j'étois déterminé à
« ne pas rester plus long-temps. A

« huit heures je me rendis chez le
« Naïb. Je le trouvai presque seul,
« et il me reçut d'une manière, qui,
« chez lui, pouvoit passer pour
« polie. Il me fit une longue énumé-
« ration des difficultés et des périls
« qui m'attendoient en route. Il me
« parla des rivières, des précipices,
« des montagnes, qu'il me faudroit
« passer ; du grand nombre de bêtes
« féroces que je rencontrerois ; des
« nations sauvages qui habitoient
« ces contrées, nations dont, par
« bonheur, » dit-il, « les princi-
« pales obéissoient à ses ordres, et
« me rendroient service, ainsi qu'à
« mes gens, parce qu'il nous recom-
« manderoit à elles. Il dit alors à
« deux de ses secrétaires d'écrire
« les lettres qu'il me destinoit. Ayant

« ensuite demandé du café, il con-
« tinua à s'entretenir d'un ton assez
« naturel, du roi, du Ras Michaël,
« de leur campagne contre Fasil,
« et de l'impossibilité apparente où
« ils étoient de le vaincre.

« En ce moment un esclave,
« couvert de poussière et de sueur,
« entra et remit des lettres au Naïb.
« Celui-ci les ouvrit d'un air in-
« quiet et confus, et me dit qu'elles
« lui annonçoient que les Hazortas,
« les Shihos et les Toras (1) avoient
« renvoyé ses officiers, et s'étoient
« déclarés indépendans. Alors le
« Naïb ayant l'air de croire qu'il
« n'y avoit plus d'espoir pour moi,

(1) Nations qui habitent la partie du désert de Sennaar qui s'étend entre Masuah et le Tigré.

« ordonna à ses secrétaires de ces-
« ser d'écrire ; et levant les yeux au
« ciel, il le remercia de ce que
« nous n'étions pas encore en route,
« parce que, dit-il, malgré son in-
« nocence, si l'on nous avoit mas-
« sacrés, on lui en eût imputé la
« faute.

« Quelque indigné que je fusse,
« je ne pus m'empêcher d'éclater de
« rire. Le Naïb prit un air extrê-
« mement sévère, et me demanda ce
« qui produisoit cet accès de gaîté.
« Il y a deux mois, » lui répondis-je,
« que vous m'opposez des difficultés
« de toute espèce. Devez-vous être
« surpris que je ne sois pas dupe
« d'une ruse si grossière ? Ce matin
« même, en présence d'Achmet,
« j'ai parlé à deux Shihos qui ar-
« rivoient

« rivoient de Samhar, d'où ils ap-
« portoient des lettres pour votre
« neveu, et ils nous ont dit que
« tout étoit en paix. Avez-vous des
« nouvelles plus fraîches que celles
« de ce matin ?

« Le Naïb garda quelque temps
« le silence, puis il me dit: « Si vous
« êtes sûr de vivre, vous pouvez
« partir. Mais il est de mon devoir
« de vous avertir, vous et vos
« compagnons de voyage, du risque
« que vous courez, afin que s'il
« vous arrive quelque chose, on ne
« s'en prenne pas à moi. » — « Nous
« ne pouvons pas, » lui répondis-je,
« rencontrer dans notre route, un
« assez grand nombre de vos Shihos
« qui vont toujours nus, pour qu'ils
« osent nous attaquer, si vous n'en

« avez pas donné l'ordre. Les Shi-
« hos n'ont point d'armes à feu ;
« mais si vous avez envoyé parmi
« eux quelques-uns de vos soldats,
« leurs fusils nous indiqueront bien
« de quelle part ils viennent. Nous
« ne pouvons fuir, nous ne le ten-
« terons même pas. Nous ne con-
« noissons ni le pays, ni le langage,
« ni les endroits où il y a de l'eau.
« Mais nous avons beaucoup d'ar-
« mes à feu ; et mes domestiques
« ont souvent montré, à Masuah
« qu'ils n'en ignorent pas l'usage.
« Nous pouvons, il est vrai, perdre
« la vie ; le Tout-Puissant en est le
« maître ; mais auparavant nous
« mettrons assez de monde sur le
« carreau, pour que le roi d'Abys-
« sinie et le Ras Michaël connois-

« sent nos assassins. Janni d'A-
« dowa leur expliquera le reste. »

« En achevant ces mots, je me
« levai brusquement pour sortir. Il
« est impossible de donner à quel-
« qu'un qui ne connoît pas ces gens-
« là, une idée de l'art profond avec
« lequel les plus grossiers d'entre
« eux savent dissimuler. La conte-
« nance du Naïb changea tout-à-
« coup. Il fit de grands éclats de
« rire; tous les traits de sa perfide
« physionomie s'adoucirent, expri-
« mèrent la complaisance, et lui
« donnèrent pour la première fois
« l'air d'un homme.

« Ce que je viens de dire des
« Shihos, » répliqua-t-il, « n'étoit
« que pour vous effrayer. Tout est
« en paix. Je desirois seulement de

« vous retenir ici, le plus de temps
« possible, afin que vous achevas-
« siez de guérir mon neveu Achmet
« et mon frère l'Emir Mahomet.
« Mais puisque vous êtes absolu-
« ment déterminé à partir, allez,
« les chemins sont libres. Je vous
« ferai accompagner par quelqu'un;
« et par ce moyen, vous passerez
« en sûreté, quand même il y auroit
« quelque danger. Allez donc pré-
« parer les remèdes convenables
« pour l'Emir, et laissez-les à mon
« neveu Achmet, pendant que j'a-
« cheverai mes lettres. » J'y consen-
« tis volontiers; et à mon retour,
« je trouvai tout prêt. «

FIN DU TOME TROISIÈME.

www.ingramcontent.com/pod-product-compliance
Lightning Source LLC
Chambersburg PA
CBHW060124170426
43198CB00010B/1025